독립군이 된 의사들
김필순·이태준·박서양

천천히읽는책_79

독립군이 된 의사들
김필순·이태준·박서양

글 이창숙

펴낸날 2025년 7월 15일 초판1쇄
펴낸이 김남호 | 펴낸곳 현북스
출판등록일 2010년 11월 11일 | 제313-2010-333호
주소 07207 서울시 영등포구 양평로 157, 투웨니퍼스트밸리 801호
전화 02) 3141-7277 | 팩스 02) 3141-7278
홈페이지 http://www.hyunbooks.co.kr | 인스타그램 hyunbooks
편집 전은남 | 책임편집 류성희 | 디자인 함지숙 | 마케팅 송유근
ISBN 979-11-5741-443-7 73910

ⓒ 이창숙 2025

이 책은 저작권법에 의하여 보호를 받는 저작물이므로 무단 전재 및 복제를 금지하며,
이 책 내용의 전부 또는 일부를 이용하려면 반드시 저작권자와 현북스의 허락을 받아야 합니다.

⚠ 주의 종이에 베이거나 긁히지 않도록 조심하세요. 책 모서리가 날카로우니 던지거나 떨어뜨리지 마세요.

독립군이 된 의사들

김필순·이태준·박서양

글 이창숙

| 머리말 |

조국 독립을 위해 일제에 항거한 의사들

"독립운동을 하면 삼대가 망한다."

어린이 여러분은 이런 말을 들어 본 적 있나요? 빼앗긴 나라를 되찾기 위해 독립운동을 하면 자신뿐 아니라 자식, 손자들까지 불행하게 살게 된다는 말이지요. 이 말이 사실이라면 누가 나라를 위해 애를 쓸까요? 다른 나라에도 이런 말이 있을까요? 왜 우리나라에만 이런 말이 있을까요?

우리나라가 독립운동을 한 분들의 공을 인정하지 않고 그 후손들을 돌보지 않았기 때문이겠지요? 그분들이 없었다면 우리는 아직도 일본의 지배를 받고 있을지도 모르는데 왜 우리는 독립군들의 고마움을 모르고 살고 있을까요?

"친일파들은 자손 대대로 떵떵거리고 산다."

이 말이 대답을 해 주고 있다고 생각합니다. 나라를 팔아먹은 매국노들에 대한 단죄가 이루어지지 않았기 때문에 지금도 친일파의 자손들이 우리나라의 역사와 정치, 경제, 교육에 엄청난 영향력을 끼치고 있기 때문입니다.

불과 얼마 전에도 항일 의병이며 대한독립군 총사령관으로 봉오동 전투의 영웅인 홍범도 장군의 흉상을 육군사관학교에서 철거하려 했습니다. 공산주의 국가인 소련에서 살다 돌아가신 홍범도 장군이 공산당에 가입했기 때문이라는, 말도 안 되는 이유를 대면서요. 하지만 각계각층 국민의 항의가 빗발치자 결국 홍범도 장군의 흉상을 지청천, 이범석, 김좌진 장군, 이회영 선생과 함께 육군사관학교 현재 위치에 보존하겠다고 결정할 수밖에 없었습니다.

이 책에는 의사이면서 자신의 안락한 삶을 뒤로하고 멀리 만주와 북간도, 몽골로 망명해 모든 것을 다 바쳐 조국의 독립을 위해 애쓰신 김필순, 이태준, 박서양 세 선생님의 이야기가 실려 있습니다. 일제강점기 시절 독립군들이 왜 미국, 영국뿐 아니라 중국, 러시아를 포함한 모든 나라의 도움을 받으려 했는지 그 역사적 배경도 밝히고 있습니다.

대한민국의 위상이 점점 높아지고 있습니다. 이런 자랑스러운 대한민국이 가능한 것은 독립군들이 각 분야에서 목숨을 걸고 조국을 되찾기 위해 싸웠기 때문입니다. 어린이 여러분은 이런 분들의 고마움을 평생 잊지 않기를 바랍니다.

차례

의사 김필순(1878~1919년)

1. 대한제국 군인들 치료하다 현실을 깨닫다   10
2. 주요 활동   18
    신민회에 참여하여 항일운동을 시작하다
    서간도로 망명하여 병원을 세우다
    북만주 치치하얼에 조선인 마을을 만들다
3. 김필순 선생의 생애   42

의사 이태준(1883~1921년)

1. 헝가리 청년 마자르의 눈물   58
2. 주요 활동   70
    세브란스병원 의학교에서 의사가 되다
    중국 남경으로 망명하여 독립운동을 모색하다
    몽골에서 전염병을 치료하여 절대적인 신임을 얻다
    상해 임시정부에 독립자금을 전달하다
3. 이태준 선생의 생애   100

의사 박서양(1885~1940년)

1. 간도 숭신학교 학생들의 대한독립 만세 시위   110
2. 주요 활동   114
    아버지 박성춘, 신분 차별 철폐 운동에 앞장서다
    진짜 사람, 의사가 되다
    북간도에 구세병원과 숭신학교를 세우다
    대한독립군 최초의 군의로 참전하다
3. 박서양 선생의 생애   146

공훈 심사가 완료된 독립운동가 의사 66인   152

작가의 말 | 독립군이 된 의사들을 쓰며   170

북만주에 조선인 마을 건설, 해외 독립군 기지를 만들다

의사 김필순은 대한제국 군대 해산에 맞서 일본군과 싸우다가 다친
대한제국 군인들을 치료하며 조국의 현실을 깨닫습니다.
그 뒤 신민회에 참여해 항일운동을 하던 중, 일제의 감시를 피해
중국 서간도로 망명하지요.
의사 김필순은 이후 북만주로 이주해 병원을 세우고,
조선인 마을을 만들어 해외 독립군의 기지를 세웁니다.

의사 김필순
(1878~1919년)

(사진·위키피디아)

1. 대한제국 군인들 치료하다 현실을 깨닫다

1907년 8월. 대한제국의 마지막 힘이었던 군대를 해산하기 위해 일본제국주의와 친일파들은 순종 황제를 협박했어요. 조칙, 즉 '황제의 명을 백성에게 알리는 글'을 발표하라고요. 우리 땅을 식민지로 만들기 위해서는 군대를 해산시켜야 했던 것이지요.

"이제부터 군대 제도를 새롭게 하기 위해 징병법을 발포할 것이니 황실 시위에 필요한 자를 뽑아 배치하고 나머지는 모두 해산하라."

대한제국의 군인들은 일제의 계략이라는 것을 알고 있었지만, 황제의 명이니 어쩔 수 없이 눈물을 흘리며 받아

일본군에 점거된 대한제국군 병영 1907년 8월, 대한제국의 마지막 힘이었던 군대가 일본제국주의와 친일파의 압력으로 해산되었어요. (사진·위키피디아)

들였어요. 계급장을 떼어 내고 무기를 반납하는 해산식에 참석하라는 명령에 따를 수밖에 없었지요.

하지만 서소문 안 시위대 제1연대 1대대장 박승환 참령(현재의 소령 계급)은 해산식에 참석하지 않았어요.

"군인이 나라를 지키지 못하고 신하가 충성을 다하지 못하면 만 번 죽어도 아깝지 않다."

박승환 참령 일제에 의해 대한제국 군대가 강제로 해산되자, 제1연대 1대대장 박승환 참령은 해산식에 참석하지 않고 항의의 표시로 자결했어요. (사진·위키피디아)

　박승환 참령은 이런 유서 한 장을 남기고 권총으로 자결했어요.

　이 소식을 들은 대한제국 군인들이 반납했던 총을 다시 들고 일본 군대와 맞서 남대문 일대에서 총격전을 벌이게 됩니다. 이날의 전투를 '남대문 전투'라고 해요. 우리 군인들이 얼마나 치열하게 싸웠는지 세브란스병원 의학교 올리버 에비슨 박사는 회고록에 다음과 같이 적고 있어요.

총알이 조금만 더 있었어도 대한제국 군대가 일본 군대를 이겼을 것이다. 부상병들도 조선 간호사들도 백성들도 두려움과 분노감에 모두 통곡했다.

대한제국 군대와 일본 군대의 무기는 너무 많이 차이가 났어요. 이 전투에서 대한제국 군인 70여 명이 전사하고 100여 명이 부상을 당했으며, 516명이 포로로 잡혀 감옥에 갇혔어요.

이날 남대문에서 세브란스병원으로 가는 언덕에는 우리나라 군인들의 피가 흥건했어요.
"빨리, 빨리. 환자들을 세브란스병원으로 옮겨요!"
사람들이 소달구지에 환자를 싣고 병원을 향해 뛰었어요. 세브란스병원의 의사와 학생들이 모두 나와 사람들을 도와 환자들을 치료했지요.
"어머니, 동생들, 조카들 모두 나와서 돕도록 해 주세요."

김필순 선생은 병원 안 사택에 살고 있던 가족들까지 총동원해 환자들을 살리기 위해 애썼어요. 총에 맞은 환자들은 미처 손쓸 새도 없이 죽기도 했지요. 밀려드는 환자들을 돌보느라 열흘 넘게 잠도 제대로 못 잔 김필순 선생은 몸이 힘든 것보다 마음이 더 아팠어요.

얼마 지나지 않아 통감 이토 히로부미가 세브란스병원을 찾아와 살펴본 뒤, 일본 지휘관이 찾아왔어요. 일본 지휘관은 부상당한 조선인 병사들을 일본 군병원으로 이송하기 위해 사람들을 보낼 것이니 협조하라고 통고했어요.

에비슨 박사는 어쩔 수 없이 부상병들을 일본 군병원으로 보내야 했어요. 에비슨 박사는 이송된 이후 부상병들에게 어떤 일이 일어날지 너무 잘 알기에 눈물을 흘렸어요. 군인들을 돌보던 간호사들 역시 눈물을 흘렸고, 며칠 밤낮을 쉬지 않고 치료했던 의사들은 말할 필요도 없었지요. 김필순 선생은 나라를 잃어 가는 슬픔에 가슴속 울분이 끓어 올랐어요.

경성역 맞은편 언덕에 있었던 세브란스병원 김필순 선생은 총에 맞고 실려 온 대한제국 군인들을 살리기 위해 잠도 제대로 자지 않아 가며 치료에 매달렸어요. (사진·위키피디아)

"나라를 지키는 군인들이 대낮에 남의 나라 군인에게 총을 맞고 죽어도 어떻게 할 방법이 없다니! 이게 우리 조국의 현실이구나."

이날의 경험은 그러지 않아도 민족의식이 강했던 김필순

김필순 선생의 스승인 에비슨 박사 캐나다의 선교사이자 의사인 에비슨 박사(1860~1956년)는 1893년 우리나라에 와서 세브란스병원 의학교의 교장 등을 지냈어요. (사진·위키피디아)

선생을 평생 독립운동의 길로 나아가게 하는 결정적 계기가 되었어요.

　김필순 선생의 고통을 바라보는 스승 에비슨 박사의 마음도 무척 아팠어요. 머리도 좋고 의술도 뛰어나고 마음씨 착한 제자가 괴로워하는 모습을 보며 마음을 다해 위로했어요.

"언젠가 일제의 간섭에서 벗어나 자랑스러운 독립국이 될 날이 올 거예요. 절망하지 마세요."

이렇게 마음에서 우러나오는 위로를 건넸어요.

기독교 선교사로 온 서양 사람들이 모두 조선인 편이었던 것은 아니에요. 일본 편에 서서 조선 독립운동가를 밀고한 선교사들도 있었어요. 하지만 에비슨 박사는 자신의 세브란스 제자들이 독립운동하는 것을 마음 깊이 존경하고 안타까워하며 응원했지요.

대한제국 군대가 해산된 뒤 많은 사람이 의병이 되거나 만주나 상해로 가 독립군이 되었어요. 결국 3년 뒤인 1910년 8월 29일, 대한제국은 일본제국의 완전한 식민지가 되었어요. 이를 '한일병탄'이라 하는데, 국가의 치욕이라고 해서 '경술국치'라고도 하지요.

2. 주요 활동

신민회에 참여하여 항일운동을 시작하다

1907년, 국내에서 항일 비밀 결사 조직이 만들어져요. 바로 안창호, 신채호, 이동휘, 이회영, 이동녕, 이승훈 등 내로라하는 독립운동가들이 참여했던 대표적인 항일 단체 '신민회'예요.

이때는 아직 대한제국이 일본의 완전한 식민지가 된 것은 아니지만, 독립된 국가라고 볼 수도 없는 상태였어요. 일제와 손잡은 매국노들이 이제나저제나 나라 팔아먹을 생각만 하고 있는 상태였거든요. 조국의 운명을 걱정하는 사람들은 어떤 식으로든 일본의 지배를 받지 않을 방법을 찾아 조직을 만들어 싸우고 있었지요.

안창호 선생과 각별하게 친했던 김필순 선생도 1908년 신민회에 참여하여 조국을 지키기 위해 애썼어요. 남대문 전투를 본 뒤 일본에 대항할 결사 조직이 절대적으로 필요하다고 느꼈으니까요.

김필순 선생은 가족과 함께 세브란스병원 안에 있는 관사에 살았어요. 둘째 형 윤오와 함께 세브란스병원 앞에서 '김형제상회'라는 상점도 운영하고 있었고요. 이곳은 겉으로는 인삼을 하와이에 수출하고 장롱을 짜서 파는 상점이었지만, 2층은 독립운동을 하는 사람들이 모여 나라의 장래를 논의하는 비밀 모임 장소였어요. 또한 미국 샌프란시스코 교포들이 만든 단체인 공립협회에서 발행하던 《공립신보》라는 신문의 국내 대리점이기도 했어요. 많은 사람이 이곳을 찾아와 도산 안창호 선생 등과 만나 항일운동을 계획했지요.

안창호 선생은 1909년에 안중근 의사가 이토 히로부미

도산 안창호 김필순 선생은 이토 히로부미 암살에 연루되어 옥살이를 한 안창호 선생을 세브란스병원에 입원시키고, 이태준 선생에게 부탁해 치료받도록 했어요. (사진·위키피디아)

를 암살한 사건과 관련이 있다는 죄목으로 일본 헌병대에 잡혀가 심한 옥살이를 했어요. 감옥에서 나온 안창호 선생을 김필순 선생이 세브란스병원에 입원시켰어요. 이때 자신의 후배이자 친구이며 동지인 이태준 선생을 소개하며 치료를 부탁했지요.

1910년 한일병탄이 되자 김필순 선생은 엄청난 충격을 받고 분노했어요.

이듬해 1911년 일제는 평안북도 정주에서 강도 사건으로 걸린 이재윤이라는 사람을 체포해 거짓 자백을 받아 냈어요.

서울 신민회 본부의 지휘 아래 다섯 차례에 걸쳐 서북 지방 기독교도들 중심으로 데라우치 총독 암살 계획을 세웠다는 것이었죠. 평양, 선천 등 9개 도시에서 이 계획에 필요한 자금을 모으고 무기를 구입하는 등 총독 암살을 준비했다고 조작한 것이지요.

그러지 않아도 눈엣가시처럼 신경 쓰이던 신민회를 없애 버릴 음모를 꾸민 일제는 민족운동가들을 600여 명이나 잡아들였어요. 그중 신민회 회원 105명을 데라우치 총독 암살 모의 사건에 대한 피고인으로 꾸며 무자비한 고문을 했어요. 그 고문을 못 이기고 거짓으로 자백하는 사람들도 생겼지요. 이른바 '105인 사건'으로 불리는 이 사건으로 결국 신민회가 해체되었어요.

사건의 결과는 어떻게 됐을까요? 체포된 105명 중 99명이 무죄 석방되었고 몇 명만 징역형이 내려졌으며, 그나마

일제 경찰에 의해 압송되는 신민회 105인 사건 관련자들 1911년, 일제는 데라우치 총독 암살 모의 혐의로 신민회 회원 105명을 체포해 무자비하게 고문했어요. (사진·위키피디아)

대부분은 확정된 형보다 훨씬 빨리 석방되었어요. 일본의 총독을 암살하려던 사건이라면 대단히 큰 사건인데 이상하지요? 사건 자체가 일본인 판사들도 인정할 수 없을 정도로 일본 경찰이 엉터리로 꾸며낸 일이라서 이런 웃지 못할 결과가 나온 것이지요.

그러던 중 1911년 중국에서는 신해혁명이 일어났어요.

이때의 중국은 청나라였는데, 부패하고 무능해 서양 여러 나라의 침략을 받는 상태였어요. 그래서 중국 국민들은 청 왕조를 무너뜨리고 근대화를 이루기 위해 혁명을 일으킨 거예요. 결국 1912년, 중국에서는 청나라가 멸망하고 중화민국이 세워졌어요.

우리나라 독립운동가들은 이 신해혁명을 보면서 많은 감동을 받았어요. 우리 조선도 백성 중심의 독립된 국가를 세워야 한다는 생각으로 신해혁명을 지지했지요.

김필순 선생 역시 중국으로 망명해 신해혁명에 동참할 생각이었어요. 신민회 회원이던 김필순 선생도 언제 체포될지 알 수 없는 급박한 상황이었거든요. 이미 일제는 김필순 선생이 안창호 선생과 긴밀하게 연결되어 있으며, 신민회 회원으로 항일 활동에 적극 관여하고 있다는 것을 눈치채고 김형제상회와 세브란스병원을 감시하고 있었어요.

1911년 12월 31일, 김필순 선생은 편지 한 장만을 남기고 세브란스병원을 떠났어요.

"아이를 낳지 못해 난산을 겪고 있는 임산부가 연락을 해 왔으니 신의주 세브란스 분원에 왕진을 갔다 오겠습니다."

종종 멀리까지 진료하러 가는 경우가 있었기에 에비슨 박사는 며칠 뒤면 돌아오겠거니 대수롭지 않게 생각했어요.

김필순 선생은 이태준 선생과 함께 세브란스병원 근처 경성역으로 갔어요.

"자, 여기서 작별하지."

"선생님, 저는 병원으로 돌아가 상황을 보고 곧 따라가 겠습니다. 부디 건강 잘 챙기십시오."

이태준 선생과 김필순 선생은 그곳에서 서로 뜨겁게 포옹하고 헤어졌어요. 김필순 선생은 자신이 어디로 가는지도 말할 수 없었어요. 일본 경찰들이 세브란스병원으로 와서 이태준 선생을 체포해 고문을 할 수도 있으니까요.

"곧 만날 수 있을 거야. 부디 몸조심하게."

두 사람은 이날의 헤어짐이 영원한 이별이 될 거라고는 꿈에도 생각하지 않았어요.

에비슨 박사는 늘 김필순 선생이 세브란스를 맡아 줄 후계자라고 생각했어요. 에비슨 박사는 조선에 올 때부터 조선인 의사를 키우려고 했고, 세브란스병원 의학교 1회 졸업생 중 김필순 선생을 가장 우수하다고 평가했어요. 그래서 환자를 보기 위한 의학지식 전달뿐 아니라 다양한 일을 맡겼어요. 세브란스병원 건축 및 병원 급식 문제 해결뿐 아니라 교과서를 번역하는 등 의학 교육의 실무 책임자로서의 임무도 맡겼어요. 세브란스병원 의학교 졸업과 동시에 교수로 임명해 1학년에게 해부학을 가르치게 했고, 1911년에는 한국인 외래 총책임자로 선정하기도 했던 것이지요. 김필순 선생은 세브란스병원뿐 아니라 보구녀관이라는 간호양성소에서도 자기가 번역한 해부생리학 교과서로 강의를 했어요. 1911년에는 2회 졸업식에 부의장 자격으로 참석했다는 기록도 있어요.

1908년 세브란스병원 의학교 제1회 졸업생 맨 윗줄 왼쪽부터 시계 방향으로 김필순, 홍석후, 신창희, 박서양, 홍종은, 김희영, 주현칙 선생. 가운데는 당시 외과 교수였던 허스트 박사예요. (사진·위키피디아)

에비슨 박사는 자신이 나이가 들어 자신의 나라로 돌아간 뒤에 세브란스병원을 맡아 후배들을 지도해 줄 사람으로 김필순 선생을 정해 놨던 것이지요. 김필순 선생이 조선의 아픈 사람들의 몸과 마음을 고쳐 주는 진정한 의사가 될 것이라 믿어 의심하지 않았어요.

　하지만 그날 이후 김필순 선생은 병원에서 사라졌고, 두 번 다시 볼 수 없었어요. 김필순 선생을 배웅하러 나갔다 돌아왔던 이태준 선생 또한 아무 말 없이 바로 사라졌어요. 에비슨 박사는 몹시 안타까웠지만, 조국에 대한 두 사람의 마음을 짐작하기에 마음속으로 건강하기를 기도할 뿐이었어요.

　병원과 의학교에서 중심 역할을 하던 김필순 선생과 이태준 선생이 사라지자 의학교 운영이 어려워졌어요. 결국 에비슨 박사는 세브란스병원 의학교를 임시 폐쇄했어요. 김필순 선생이 얼마나 중요한 역할을 했는지 알 수 있지요?

서간도로 망명하여 병원을 세우다

나라를 빼앗기자 독립운동가들은 자신들이 할 수 있는 모든 일을 다 했어요. 비밀리에 단체를 만들고, 사람들에게 상황을 알리고, 학교를 세워 아이들을 가르치고, 집회를 하고, 시위를 하고, 그러다 체포당하기도 하고 죽기도 했어요.

독립운동가들은 일본 경찰의 감시와 탄압이 심해 조국을 떠나 중국과 러시아, 미국, 유럽으로 망명하여 싸웠고, 심지어 일본 내의 양심 세력과도 연대하여 항일운동을 했어요. 집에 칼을 든 강도가 들어왔는데 누구 도움이라도 받아서 강도를 쫓아내야 하잖아요.

이 당시 독립운동가들이 가장 기대를 했던 나라는 우리나라에서 가까운 곳에 있는 중국과 러시아였어요. 그 큰 두 나라로부터 우리나라의 독립운동을 지원받으려고 했어요.

김필순 선생은 중국 상해나 남경으로 가려던 계획을 바꿔, 백두산과 두만강 근처 서간도 통화로 향했어요. 세브란스에 남아 있는 가족들을 데려와야 했고, 신민회 동지들이 그곳으로 미리 가 있었기 때문이에요.

김필순 선생이 도착한 서간도 통화는 황량하고 가난하고 조용한 곳이었어요. 기후가 차가워 벼농사는 잘되지 않아서 옥수수나 잡곡을 심어야 했지요. 조선에서 온 동포들은 움집이나 허술한 나무집에 살고 있었어요. 땅이 없으니 산꼭대기까지 올라가 살 수밖에 없었어요. 그래서 하늘에서 내려오면 첫 집은 조선인의 집이라는 말이 유행했다고 해요. 그 모습을 본 김필순 선생은 마음이 많이 아팠어요. 일제에 대한 분노가 치밀었지요.

김필순 선생이 이곳에 정착하게 된 이유는 우선 이 지역에 병원이 전혀 없었기 때문이에요. 근대적 시설을 갖춘 병원을 세워 동포들과 독립운동가들을 치료하고 싶었던 것이지요. 중국인들도 조선 사람들을 싫어하지 않았어요. 중국도 일본의 침략과 간섭을 받고 있어서 조선 사람들과 같은 처지였기 때문이지요.

이 무렵 김필순 선생이 미국으로 망명한 도산 안창호 선생에게 보낸 편지가 남아 있어요.

도산. 이곳은 모든 물자가 부족합니다.
미국에서 의약품과 장비를 구해서 한시바삐 보내 주실 수 없는지요.

김필순 선생은 병원을 세우는 것이 급하다는 것을 알고 서둘렀어요. 먼저 와 있던 신민회 동지들도 부지런히 만났어요. 그리고 세브란스병원에 남아 있는 가족들에게 통화로 오라고 연락했어요.

김필순 선생의 어머니와 아내, 아이들이 비밀리에 세브란스병원을 떠나 서간도까지 가는 것은 보통 일이 아니었어요. 기차를 타고, 걷고, 달구지를 타고 간신히 서간도에

도착할 수 있었지요.

김필순 선생은 잠시 통화현에 있는 관제묘라는 절의 빈방에 머물면서 병원을 열 준비를 시작했어요. 관제묘는 중국 삼국시대의 영웅 관우를 모신 사당이에요.

통화현에서 조선인들의 어려운 처지를 보게 된 김필순 선생은 조선인들이 모여 사는 마을 공동체를 만드는 꿈을 갖게 되었어요.

"서로 도우며 농사짓고, 아이들 공부 시키고, 조선인끼리 형제처럼 사는 마을을 만들어야 해. 그러려면 우선 땅을 사야겠지."

하지만 땅을 사려면 조선인이 아닌 중국 국적을 얻어야 했지요. 어머니는 조선인이 대한제국 국적을 버리고 중국 국적을 가져야 한다는 말을 듣고 처음에는 반대했어요.

"어머니, 조선을 버리는 것이 아니라 우리가 평생 살아갈 터전을 갖기 위한 임시방편이에요. 조국이 독립되면 다시 국적을 찾을 수 있어요."

김필순 선생은 이렇게 어머니를 설득했어요.

1913년 10월, 통화로 온 지 2년째 되는 해의 어느 날이었어요.

"이회영 선생 부인이 총상을 입었습니다."

이회영 선생은 1910년 경술국치를 전후하여 6형제를 비롯한 가족 60여 명이 만주로 이주한 독립운동가예요. 당시 간도로 이주하느라 급히 처분한 돈이 지금으로 따지면 수백억 원이 넘는다고 하니 정말 부자였지요. 이후 서간도에 한인 단체인 경학사를 세웠고, 국내, 연해주, 상해 등의 독립운동 조직에 두루 참여했어요. 통화 가까운 류하에 신흥무관학교를 세워 독립군을 키워 내고 있었지요. 일제의 감시를 피하기 위해 신흥무관학교라는 이름 대신 신흥강습소로 불렀어요. 이회영 선생은 독립운동가들의 중심인 분이며, 서간도 지역 한인 단체는 사실상 이회영 일가의 돈으로 유지되고 있는 셈이었죠.

이회영 선생 부인인 이은숙 선생이 다쳤다는 연락을 받은 김필순 선생은 당장 찾아가려고 했지만, 말을 구할 수 없었어요. 마음이 다급해진 김필순 선생은 왕진 가방만 들고 이회영 선생 집을 향해 무작정 걷기 시작했어요. 중간에 말을 구할 수 있을 거라 생각했지요. 하지만 결국 말을 구할 수 없어 120리가 넘는 길을 걸어서 다음 날 오후에야 이회영 선생 집에 도착했어요.

"김필순 선생! 설마 그 먼 길을 걸어온 거요?"

가을인데도 땀을 뻘뻘 흘리며 도착한 김필순 선생을 보고 이회영 선생은 놀라 소리를 쳤어요.

"마음이 급해서요. 어서, 환자 먼저……."

김필순 선생은 자리에 앉지도 않고 바로 환자를 봤어요.

이은숙 선생은 일제 밀정들의 지원을 받는 마적 떼들 총에 어깨를 맞은 거예요. 뚫어진 어깨 상처에다 급한 대로 치약을 넣고 싸매서 피가 나오는 것을 막고 있었어요.

김필순 선생은 상처를 소독하고 약을 바른 뒤 붕대를 감고 주사를 놓았어요. 치료가 끝나고 바로 옆 의자에 앉자

이회영 선생과 부인 이은숙 여사 이은숙 여사가 마적 떼의 총에 맞아 다치자, 김필순 선생은 120리가 넘는 길을 걸어서 찾아가 이은숙 여사를 치료했어요. (사진·우당기념관)

마자 김필순 선생은 잠에 곯아떨어졌어요. 이런 사실은 이은숙 선생이 1966년에 쓴 회고록 《서간도 시종기》에 자세히 나와요.

이회영 선생은 1932년 뤼순 감옥에서 재판도 거치지 않고 일제에 의해 죽임을 당했어요. 독립된 후에 그의 형제, 조카들 10명이 독립유공자로 서훈을 받았고, 이은숙 선생도 독립운동이 인정되어 건국훈장 애족장을 받았어요.

조선에서 멀지 않은 서간도 통화에도 일제의 감시와 위협이 점점 심해졌어요. 김필순 선생은 일제의 감시를 피하기 위해 여러 개의 가명을 사용하기도 했는데, 1914년 7월 조선총독부 총감이 외무차관에게 보낸 문서에 이런 내용이 나와요.

김만호, 윤열, 경순, 명.
본명은 김필순이며, 세브란스병원 의학교를 졸업하고 의사로 7, 8년 근무하다 1912년 초 돌연히 서간도로 이주하여 병원을 건설한 불온사상의 소유자이다.

1911년 12월 31일에 대한제국을 떠나 이듬해 초에 서간도에 도착했으니, 일제는 김필순 선생에 대해 정확하게 파악하고 있었던 것이지요.
서간도 통화에 조선인들의 공동체를 만들겠다고 생각했던 김필순 선생은 일제의 감시 때문에 할 수 없이 이곳보다 더 먼 곳으로 떠나야겠다는 생각을 하게 되었어요.

북만주 치치하얼에 조선인 마을을 만들다

 1916년, 김필순 선생은 가족을 이끌고 몽골 근처 북만주 흑룡강성 치치하얼로 옮겼어요.
 치치하얼로 떠난 것은 안창호 선생의 권유 때문이었어요. 만주 지역에 독립운동 기지를 만들 계획이었던 안창호 선생은 흑룡강성 치치하얼과 미산이라는 곳을 후보지로 정한 뒤, 김필순 선생에게 권했던 것이지요. 중국으로 온 지 5년 뒤였어요.
 김필순 선생 가족이 통화를 떠나고 얼마 뒤 일제는 통화의 독립군 조직을 남김없이 잡아들였고, 겨우 검거를 피한 독립군들은 도망가는 신세가 되었어요. 김필순 선생 가족도 그곳에 남아 있었다면 체포되거나 죽임을 당했겠지요.

 김필순 선생은 치치하얼에서 '북제진료소'라는 병원을 열었어요. '북쪽에 있는 제중원'이란 뜻이니 얼마나 조국과 세브란스병원을 그리워했는지 알 수 있지요.

김필순 선생은 북제진료소 진료 외에도 근처 흑룡강 포로수용소 의사 일도 했어요. 중국군과 러시아군의 군의관으로도 활동했는데, 신변을 보호받기 위해서였지요.

북제진료소 병원이 자리 잡자, 이곳 역시 세브란스병원 앞 김형제상회처럼 독립군들의 모임 사무소가 되었어요. 병원에서 나오는 모든 돈은 독립군들과 가난한 조선 동포들을 치료하는 데 쓰거나 독립자금으로 바쳤어요.

김필순 선생은 모든 것을 다 바쳐 조국의 독립을 원한 분이었으니까 아무리 어려워도 참을 수 있었지만, 어린 아들들은 이해하기 힘들었어요. 아버지가 병원을 운영해 많은 돈을 벌었는데도 가족들은 항상 배고픔과 추위에 떨었으니까요.

이곳도 역시 가난한 조선인들 천지라 김필순 선생은 진료비를 제대로 받지 못하는 환자가 많았어요.

"아버지가 갑자기 돌아가시고 어머니도 쓰러지셔서……."

환자가 이렇게 울먹이면 김필순 선생은 치료비나 약값은

받지 않고 정성을 다해 치료해서 그냥 보냈대요.

김필순 선생은 치치하얼에서 130여 리의 땅을 사서 개간해 '김필순농장'이라고 불렀어요. 중국인 지주와 함께 토지를 개간했는데, 1/3가량이 김필순 선생 소유였다고 일본 영사관은 기록하고 있어요. 이곳에서도 김필순 선생은 철저히 감시받고 있었다는 것을 알 수 있지요.

김필순 선생은 러시아제 농기구들을 사들여 농사를 지을 준비를 마치고, 조선 동포 30여 가구 300여 명을 받아들이기로 하고 그들이 살 집도 짓기 시작했어요. 그리고 주변 조선인들에게 널리 알렸어요.

조선 동포여, 무료로 땅을 줄 터이니
우리만의 마을을 만들고 함께 살아갑시다.

김필순 선생은 병원 일로 바빠 형 김윤오가 집 짓는 일과 농장 일을 감독했어요. 김필순 선생의 어머니를 비롯한 가족도 함께 나와 농장 만드는 일을 거들었지요. 그래도 일손이 부족하자 김필순 선생은 여동생 김필례와 그의 남편 최영욱을 치치하얼로 불렀어요. 동생의 남편 최영욱은 세브란스 후배 의사였으므로 북제진료소 진료를 맡기고, 자신은 농장에 더 노력을 쏟아부었어요.

1917년, 김필순 선생은 그 지역의 실질적인 지배자인 중국 맹은원 장군으로부터 몇 가지 약속을 받아 냈어요.

"무료로 관유지를 빌려주고, 조선의 국권이 회복되어도 원조와 특별 보호를 약속하겠소."

김필순 선생은 이사를 희망하는 조선인 300여 명의 신청을 받았어요. 무상으로 땅을 주고 함께 생계를 꾸려 가자는 의미로 '생계회'라는 모임을 만들기도 했습니다. 이곳에 와 정착한 조선 사람들의 협동조합 같은 모임이었지요.

하지만 이곳까지 손을 뻗친 일제는 이 생계회를 불령선인, 즉 일본제국에 저항하는 조선인 독립운동 조직이라고 판단해 감시를 심하게 했어요.

1919년. 조국에서 3·1만세운동이 벌어진 뒤 김필순 선생의 집에 김동우라는 조선 사람이 찾아왔어요. 김필순 선생은 반가워하며 조선에서 일어난 만세운동에 대해 자세히 물어봤어요.

　김필순 선생은 기독교학교 영어 선생으로 일하고 싶다는 김동우에게 모든 것을 베풀어 주었어요. 하지만 그는 김필순 선생의 생각과는 달리 독립운동에는 조금도 관심이 없는 사람이었어요. 오직 돈 벌 욕심에 눈이 먼 김동우는 일제의 밀정이 되어 김필순 선생의 집에서 본 일들을 일러바쳤어요. 그런 뒤 1919년 8월 어느 날 갑자기 집을 옮긴다며 김필순 선생님의 집을 나갔어요.

　김동우가 집을 나간 뒤 바로 일본인 수련의 한 사람이 병원으로 찾아와 배울 수 있도록 도와 달라고 했어요. 수련 과정을 마쳐야 정식 의사가 될 수 있으니까요. 김필순 선생은 선한 마음이 강한 분이었어요. 비록 일본인이라고 하더라도 도움을 필요로 하는 의사니 믿고 살펴 주었지요.

9월 어느 날, 김필순 선생은 점심때 일본인 수련의가 전해 준 우유를 마시고 갑자기 아프기 시작했어요. 복통과 설사가 멈추지 않았고, 순식간에 말도 제대로 하지 못하게 되었어요. 일본인 수련의는 선생에게 알약을 먹이고 지켜만 보았어요. 그로부터 한 시간도 되지 않아 김필순 선생은 온몸이 검게 변하며 의식을 잃었고, 갑자기 숨을 거뒀어요.

  일본인 수련의는 김필순 선생이 쓰러지자마자 병원을 떠나 숨어 버렸는데, 일본군 특무요원이 틀림없어요. 김필순 선생이 사망하자 일본영사관에서는 일본군을 파견해 집안을 샅샅이 수색했어요. 다행히 김필순 선생이 궤짝 깊숙이 감추어 두었던 비밀문서는 발견하지 못했어요. 이 비밀문서는 20명의 혁명 지사들이 서약한 '조선독립운동서약서'였어요.

3. 김필순 선생의 생애

1878년

김필순은 1878년 황해도 장연 소래마을에서 아버지 김성섬과 어머니 안성은 사이에서 태어났어요. 형제자매들과 함께 풍족하게 자랐고, 어려서는 서당에서 한학을 배웠지요.

1887년

김필순 형의 동료 중에 서상륜이란 사람이 있었는데, 동생 서경조와 함께 교회를 지었어요. '솔내교회'라고도 부르던 '소래교회'는 우리나라 사람들 손으로 만든 최초의 개신교 교회예요. 소래교회를 지을 때 김필순 선생의 집안에서 많은 도움을 줬다고 해요.

우리나라 사람들 손으로 만든 최초의 개신교 교회인 소래교회 소래교회를 지을 때 김필순 선생 집안에서 많은 도움을 줬다고 해요. (사진·위키피디아)

　김필순이 열 살이던 1887년, 언더우드라는 서양 선교사가 마을에 찾아왔어요. 아마도 서상륜 형제의 초대일 것으로 짐작됩니다. 서양 사람을 처음 본 마을 사람들은 신기해하며 구경했어요. 김필순의 아버지는 언더우드를 자신의 집 사랑방에 머물게 하고, 도와줄 사람도 딸려 줬어요. 김필순은 언더우드로부터 소래교회에서 세례를 받았어요.

1894~1895년

1894년, 열일곱 살이 되던 해 김필순은 언더우드 목사를 따라 서울로 와 그의 집에서 함께 살면서 배재학당이라는 학교에 입학해 서양 학문을 공부하게 되었어요. 김필순은 공부를 아주 잘했고, 특히 영어에는 뛰어난 소질을 보였어요.

1895년 배재학당 학생들이 중심이 되어 '협성회'라는 학생운동단체를 만들었는데, 김필순도 참여하면서 본격적으로 독립운동가들과 만나게 되었어요. 가장 친했던 친구는 도산 안창호였지요. 안창호는 17세 때 신학문을 배울 것을 다짐하고 서울로 왔다가 김필순과 만나게 되었어요. 나이도 같고 뜻도 같아 바로 친한 친구가 되었고, 평생을 함께하는 동지가 되었어요.

1899년

배재학당에서 서양 학문을 공부한 김필순은 1899년 제중원이라는 병원에 들어갔어요. 제중원은 우리나라 최초의 서양식 병원이에요.

　1876년 강화도조약 이후 조선인들은 서양 문물에 대한 관심이 높았는데, 의학에 대해서도 마찬가지였어요. 당시의 신문 《한성순보》 기사를 보면 이런 분위기를 잘 알 수 있어요. 당시 정부 관료들은 동양의 정신문화를 계승하되 서양 기술을 받아들이자는 생각을 했어요. 한의학에 바탕을 두고 일부 서양 의학을 도입해 의학을 더 발전시켜야 한다고 생각했던 것이지요.

　의료 근대화를 추진하고 있던 고종이 알렌이라는 선교사의 건의를 받아들여 최초의 서양식 왕립병원을 세우고 '광혜원'이라 이름 지었어요. 얼마 뒤 고종은 광혜원이란 이름을 '백성을 구제한다'는 뜻의 '제중원'으로 바꾸었지요.

　제중원은 병원이라고는 하지만 아주 작은 규모였어요. 갑신정변을 일으켰다 살해된 홍영식이란 사람 집의 사랑채 한 채를 사용했거든요. 밀려드는 환자들을 치료하면서 의학생들도 받아 교육을 시켰지만, 당시의 정치적인 상황과 어려운 여건 때문에 지속하기가 어려웠어요. 결국 의사

우리나라 최초의 서양식 병원, 제중원 배재학당을 졸업한 김필순 선생은 1899년 제중원에 들어갔어요. (사진·위키피디아)

를 배출하지 못하고 문을 닫았고, 학생들은 다른 학교로 흩어졌어요.

1900~1904년

김필순 선생은 제중원에 간 이듬해인 1900년부터 셔록스 박사의 영어를 조선어로 통역하는 일을 맡게 되었어요.

또 그곳에서 의사로 일하고 있던 에비슨 박사의 통역도 맡게 됩니다. 김필순 선생은 유달리 영어 공부를 열심히 했고, 발음이 유독 좋았다고 해요.

에비슨 박사는 알렌 선교사의 소개로 고종을 치료한 적이 있는 의사예요. 옻 중독으로 심하게 부은 얼굴과 머리를 고쳐 준 뒤, 고종의 주치의가 되었지요. 에비슨 박사는 김필순에게 서양 의학서를 함께 번역하자고 제안했어요. 제중원 의학생들을 가르칠 의학서를 한국어로 번역하는 일이 시급했거든요.

처음에 에비슨 박사가 《그레이 해부학》이라는 교과서를 번역했어요. 그런데 에비슨 박사가 안식년을 맞아 미국에 갈 때 원고를 맡겼던 사람이 갑자기 죽으면서 어렵게 번역한 원고도 사라져 버렸어요. 그래서 책으로 낼 수 없었죠.

미국에 간 에비슨 박사는 루이스 헨리 세브란스라는 미국의 부자를 만났어요. 동양에 조선이란 나라가 있는데 사람들이 서양식 의료 혜택을 받지 못하고 있다, 그 나라에 근대식 병원을 만들 수 있게 기부를 해 달라고 부탁했지요.

 세브란스 씨가 많은 후원금을 낸 덕분에 남대문 밖 복숭아골에 최신식 병원 건물을 지을 수 있었어요. 구리개에 있던 제중원을 옮겨와 세브란스병원이라 부르게 됩니다.

 안식년을 지내고 1900년에 돌아온 에비슨 박사는 1904년 김필순 선생과 두 번째로 번역 작업을 시작했어요. 바쁜 와중에 겨우겨우 끝마쳤는데, 안타깝게도 이번에는 불이 나서 타버렸어요.

 맥이 빠졌지만 꼭 필요한 책이었기에 김필순 선생은 곧바로 다시 번역을 시작해 제중원 이름으로 1906년 《해부학》이란 제목의 3권을 출판했어요. 아직 서양 의학이 자리 잡지 않은 상황이라 낯선 의학용어들을 어떻게 조선어로 번역할지 고민이 많았어요. 김필순 선생은 번역한 책에 그런 사정을 솔직하게 적어 놓았어요. 이 책들은 세브란스뿐 아니라 국내의 많은 선교 병원들에도 무료로 배포되어 교

미국의 기업가 루이스 헨리 세브란스 미국에 간 에비슨 박사의 부탁으로 세브란스가 많은 후원금을 낸 덕분에 최신식 병원인 세브란스병원을 지을 수 있었어요. (사진·위키피디아)

과서로 이용되었어요.

이렇게 의학 전문 교과서를 번역하는 것은 지금의 기준으로 봐도 힘든, 당시로서는 엄청난 업적이라고 할 수 있어요.

1907~1909년

의학 교과서를 번역하던 김필순은 결국 의과 학생으로

등록하게 됩니다. 김필순 선생은 졸업하기 전부터 이미 후배들의 강의를 맡기도 했어요. 학생이면서 교수이자 번역가이기도 했던 것이지요.

이때 세브란스병원 의학교는 8년제 의학교로서 졸업생들에게 의학박사 학위를 줬어요. 1910년부터는 4년제가 정착되었고, 학년별 교과과정도 확실하게 정해졌어요.

김필순 선생은 세브란스병원 의학교에서 바쁘게 생활하면서 외부 활동도 활발하게 했어요. 황성기독교청년회와 상동교회에서 활동했던 김필순 선생은 1907년 상하이에서 열린 기독교청년회 동양연합회에 대표로 참가하기도 했어요. 1908년 6월 졸업하면서 한국 최초의 의사 면허인 의술 개업인허장을 받았어요. 그 뒤 세브란스병원 의학교의 교수가 되었어요.

1909년, 조선에 콜레라라는 전염병이 유행했어요. 이때 김필순 선생은 박서양, 김희영 등 동기생들과 다른 의학교 졸업생들과 함께 방역에 나서기도 했어요.

김필순 선생은 환자를 치료하는 것뿐 아니라 조선 구석구석 자신의 손길이 필요한 곳이면 어디든 찾아가 봉사하고 실천하는 참 지식인이었어요.

1910~1918년

1910년, 대한제국이 일본제국주의의 식민지가 되자 김필순 선생은 엄청난 충격을 받았어요. 게다가 1911년 9월, 105인 사건으로 일제의 검거 소식을 미리 알게 된 김필순 선생은 서간도 통화로 망명하게 돼요. 통화로 가서 병원을 열고 활동하던 김필순 선생은 이곳 역시 일제의 감시가 심해지자 다시 북만주 치치하얼로 옮겨가 조선인 공동 마을을 만들기 위해 모든 노력을 다해요.

1919년

1919년 3월 조선에서 전국적으로 독립만세운동이 일어나자 독립의 열기를 전 세계에 알리고자 했어요. 독립운동가들은 프랑스 파리에서 열릴 세계강화회의에 기대를 했어요. 그곳에 참가해서 조선의 독립을 지지해 달라고 호소할 계획을 세웠지요.

조선의 의친왕은 한국 대표의 한 사람으로 하난사라는 분을 파견하기로 했어요. 여성으로서 최초로 대학을 졸업해 학사학위를 딴 분이지요. 의친왕이 써준 비밀편지를 갖고 파리로 떠나려던 하난사 선생은 일본 경찰에 정체가 탄로 나 중국으로 탈출했어요. 그때 신변을 보호해 주고 여비도 마련해 준 분이 김필순 선생이었어요. 하지만 하난사 선생은 파리 강화회의에 참석하지 못하고, 북경에서 갑자기 병으로 사망했어요. 김필순 선생 여동생의 남편인 김규식 선생만이 파리 강화회의에 참석하게 됩니다.

1919년 9월 1일

얼마 뒤 병원을 찾아온 김동우와 일본인 특무요원인 의사에 의해 김필순 선생은 원통한 죽음을 맞았어요. 1919년 9월 1일, 김필순 선생의 나이 고작 마흔둘이었어요.

김필순 선생이 세상을 뜨자 그의 어머니와 아내와 자식

등 아홉 식구는 생활을 이어 가기 어려웠어요. 김필순 선생은 병원을 운영해 돈을 버는 족족 독립자금으로 내놓았기 때문에 집안에는 생활비조차 남아 있지 않았지요. 김필순 선생의 사망 소식을 듣고 달려온 여동생 김순애도 일본 영사관 경찰에 체포되었다가 간신히 탈출했어요.

김필순 선생이 꿈을 제대로 이루지도 못하고 세상을 뜬 뒤 그의 가족들은 선생의 뜻을 이어 나갔어요.

첫째 덕봉(영)은 중국에서 의학교를 졸업한 뒤 세브란스 병원에서 수련을 하고, 간도 용정의 제창병원에 근무했어요. 셋째 덕린(염)은 중국 영화계에 진출해 가장 사랑받는 배우가 되었고 아직도 상해 영화의 황제로 불리는데, 끝끝내 일본에 저항하는 영화에만 출연했어요. 영화배우로 번 돈을 상해 임시정부에 찾아가 김구 선생에게 전달하기도 했지요.

김필순 선생의 여동생들도 모두 독립운동가와 결혼해

김규식 선생(왼쪽)과 **김마리아 선생**(오른쪽) 김규식 선생은 김필순 선생 여동생의 남편으로, 파리 강화회의에 참석해 대한독립을 세계에 알렸어요. 조카 김마리아 선생은 일본에서 2·8 독립선언서를 몰래 숨겨 가져와 3·1운동의 불씨가 되게 했어요. (사진·위키피디아, 독립기념관)

부부가 함께 독립운동에 나섰어요. 첫째 여동생 김구례와 그의 남편 서병호, 셋째 누이 김순애는 상해에서 애국부인회를 만들었고, 김순애의 남편 김규식은 파리 강화회의에 참석해 대한독립을 세계에 알렸어요. 넷째 여동생 김필례, 그리고 조카 김마리아는 일본에서 2·8 독립선언서를 몰래 숨겨 가져와 3·1운동의 불씨가 되게 했으며, 모진 고문과 압박 속에서도 당당하게 맞선 조선의 독립군이었어요.

1997년

김필순 선생은 1997년 건국훈장 애족장을 받았습니다. 여동생 김순애, 김필례, 조카 김마리아뿐 아니라 여동생의 남편인 김규식, 서병호 등 많은 가족이 독립훈장을 받았어요. 집안의 정신적 지주였던 김필순 선생을 따라 거의 모든 가족이 독립운동에 주도적으로 참여한 진정한 독립운동 명문가입니다.

몽골에서 신으로 추앙받는 의사,

대한민국 임시정부의 든든한 후원자

의사 이태준은 몽골에서 전 국민의 80%가 앓았던 전염병을

치료해 신으로 추앙받았습니다.

의사 이태준은 대한민국 임시정부의 든든한 후원자로

마지막까지 상해 임시정부에 자금을 운반한 독립투사입니다.

의사 이태준
(1883~1921년)

(사진·연세대학교 의료원 역사박물관)

1. 헝가리 청년 마자르의 눈물

"마자르, 이 금괴를 얼른 상해 임시정부로 옮겨야 해. 위험하지만 함께 가 주겠나?"

"물론입니다, 선생님. 하지만 선생님 따님이……."

마자르가 안타까워하며 이태준 선생을 바라봤어요.

"이 돈이 우리나라 독립에 얼마나 중요한 돈인 줄 아나? 우리 딸은……, 얼른 갔다 와서……."

이태준 선생의 결심이 굳은 것을 본 마자르는 묵묵히 운전대에 앉았어요.

"마자르, 약속을 지켜 주게. 꼭 우리 독립군을 찾아가 주게. 혹여 내가 잘못된다 해도……."

"선생님, 염려 마세요. 제가 꼭 알려드릴게요."

1921년 2월 어느 날. 북경의 신정부가 발행한 통행허가증을 갖고 두 사람은 몽골 울란바토르를 출발해 상해 임시정부를 향해 달렸어요. 하지만 얼마 못 가 러시아 백위파 군인들이 자동차를 막아섰어요.

"서라!"

중국, 러시아와 국경을 맞대고 있는 몽골은 러시아와 중국의 침략을 번갈아 받고 있었어요. 1921년에는 러시아 백위파 부대가 쳐들어왔는데, 그 부대 안에는 일본군 43명과 조선인 친일파 군인 7명이 합류하고 있었어요. 이 일본군들은 군인이라기보다는 폭력배에 가까웠어요. 주민들 돈을 뺏고 폭행하는 것은 물론, 온갖 나쁜 짓을 서슴지 않고 저질렀어요. 조선인 독립군을 잡는 데도 혈안이 되어 있었고요.

백위파 부대는 아무 집이나 들어가 수색을 하고 물건을 빼앗아 가기 일쑤였기 때문에 이태준 선생은 임시정부에 전달해야 하는 물건이 발각될까 봐 위험을 무릅쓰고 이것을 운반하는 길이었어요.

백위파 군인들은 이태준 선생과 운전사 마자르를 차에서 끌고 나왔어요.

"저는 몽골 왕의 주치의 이태준입니다. 이 사람은 운전사 마자르이고요. 약을 구하러 상해에 가는 길입니다. 통행허가증도 여기 있습니다."

하지만 이태준 선생의 말에도 백위파 러시아군들은 아랑곳하지 않고 차를 수색했어요. 이럴 때를 대비해서 이태준 선생은 문제가 될 만한 것은 모두 깨끗이 치워 둔 상태였어요.

"이상한 것은 아무것도 없습니다. 왕의 주치의라는데 그만 통과시키지요."

그때였어요. 일본 군인 중 한 사람이 운전석 의자를 들춰봤어요.

"어! 이게 뭐야?"

그곳에 상해 임시정부로 운송되던 금괴가 숨겨져 있었어요.

"금괴? 당장 다시 울란바토르로 끌고 가라!"

1910년대 울란바토르 모습 이태준 선생과 운전사 마자르는 금괴를 전달하기 위해 몽골 울란바토르를 출발해 상해 임시정부를 향해 달렸어요. (사진·작가미상)

　이태준 선생을 울란바토르 집으로 끌고 간 러시아 백위파 군인들은 집안을 샅샅이 뒤졌어요.
　"으악."
　군인들이 장롱 문을 열다가 무언가를 보고 비명을 질렀어요. 그곳에 이태준 선생의 어린 딸이 죽은 채 누워 있었어요.
　이태준 선생의 부인 김은식 선생이 독립군의 임무를 띠

고 집을 떠난 사이 딸이 병이 나서 죽었어요. 아버지가 의사인데도 살리지 못한 것을 보면 아주 급성으로 진행된 병이었을 거예요. 이태준 선생은 부인이 돌아와 딸의 얼굴이라도 볼 수 있도록 장례를 미루고, 먼저 금괴를 상해 임시정부로 운반하러 간 거예요. 그만큼 급박한 상황이었던 것이죠. 잘못하다가는 금괴를 빼앗길 수도 있었기 때문에 딸이 죽은 슬픔도 참고 임시정부로 향했던 거예요.

백위파 부대원들은 처음에는 이태준 선생의 금괴만 뺏고 죽일 생각은 없었어요. 그런데 그 부대에 있는 일본인들 중 한 사람이 부대장인 운게른 남작에게 말했어요.

"이태준은 조선 독립운동과 관련 있으며 러시아 혁명정부와도 연관돼 있는 게 틀림없습니다. 죽여야 합니다."

별명이 '미친 남작'이었던 운게른은 러시아 혁명정부에 의해 쫓겨난 백위파로, 일본제국주의 세력과 손잡고 있었어요.

"이태준이 러시아 혁명정부와 관련이 있다고? 그렇다면 살려둘 수 없지!"

'미친 남작' 운게른 금괴를 운반하던 이태준 선생은 운게른이 이끌던 백위파 군인들에게 붙잡혀 잔인하게 죽임을 당했어요. (사진·위키피디아)

　백위파 군인들은 잔인하게 이태준 선생의 목을 졸라 교살했어요. 이 같은 내용은 고려공산당 대표 상해파 이동휘가 소비에트 정부의 외무인민위원부에 제출한 문서와 러시아 백위파 군인 보리스 볼코프의 기록에 남아 있어요. 이때 이태준 선생의 나이 불과 서른여덟이었어요.

　그로부터 두 달 후, 미친 남작 운게른과 부대원들도 죽임을 당했어요. 쑤흐바타르라는 몽골 청년이 이끄는 몽골 인민군이 중국군과 러시아 백위파 운게른 부대를 모두 몰아내고 독립을 하는 과정에서 운게른과 부대원들을 처형한 것이죠.

이태준 선생이 사망한 얼마 뒤인 1921년 봄.
중국 북경의 어느 거리에서 동유럽 출신으로 보이는 한 청년이 조선인들에게 다가와 은밀하게 물었어요.
"혹시 김원봉 선생을 아시오?"
김원봉 선생은 의열단을 꾸려 항일운동을 하고 있던 분이에요.
의열단은 1919년 11월 만주 지린성에서 조직된 항일 무장투쟁 단체예요. 의열단은 '의로운[義] 일을 맹렬히[烈] 행하는 단체[團]'라는 뜻의 약자로, 주로 일제의 고위층에 대한 암살이나 조선을 식민지로 삼기 위해 만들어진 조선총독부, 동양척식주식회사, 도쿄 황궁 등 일본의 중요 기관을 파괴하는 일을 계획하고 있었어요. 3·1운동 당시 평화적으로 만세를 부르던 조선 동포들이 일제의 총칼에 무자비하게 죽임을 당하는 것을 보고 느낀 거예요. 조선과 일본과의 나라 간 전쟁이라는 것을요. 일제로부터 독립하기 위해서는 무장 유격 투쟁을 할 단체가 필요하다는 것을 피눈물을 흘리며 깨달은 것이지요.

김원봉 선생은 동포들로부터 외국인 청년이 자신을 찾는다는 말을 전해 듣는 즉시 그 청년을 수소문해 만나러 갔어요.

'혹시 대암이 말했던 그 청년인가?'

청년은 역시 대암 이태준 선생이 말했던 헝가리 마자르족 청년이었습니다.

"선생님, 제가 몽골에서 대암 선생님의 운전사였습니다."

헝가리 청년은 김원봉 선생의 손을 잡고 눈물만 흘렸어요.

"저 혼자 살아남았습니다. 죄송합니다."

김원봉 선생도 청년의 손을 잡고 눈물을 흘렸어요.

"아니오, 아니오. 청년이라도 살아남았으니 얼마나 다행

약산 김원봉 일제강점기의 독립운동가로, 의열단을 꾸려 항일운동을 했어요. (사진·위키피디아)

의열단 단원들 1919년 조직된 항일 무장투쟁 단체로, 주로 일제의 고위층에 대한 암살이나 일본의 중요 기관을 파괴하는 일을 계획했어요. (사진·위키피디아)

입니까! 대암 선생 소식은 들어 알고 있었소. 원통한지고, 너무나 원통한지고."

마자르는 급박했던 대암 이태준 선생의 최후를 들려주며 눈물을 흘렸어요.

"자신들을 살려 준 대암 선생을 잃은 몽골인들도 모두 진심으로 슬퍼하고 있습니다."

김원봉 선생도 마음이 미어질 것 같았어요. 몇 달 전에도 만나 함께 조국 독립 전쟁을 의논하기 위해 머리를 맞댔던 이태준 선생을 잃었다는 것이 너무 안타까웠죠.

마자르가 눈물을 닦으며 말했어요.

"대암 선생님께서는 늘 조선의 독립운동 조직을 도와 달라고 부탁하셨어요. 제가 독립군들을 위해 폭탄 제조 기술을 알려드리겠습니다. 전쟁에 나오기 전에 아버지와 함께 폭탄 만드는 일을 했습니다."

"고맙소. 우리가 독립 전쟁하는 데 큰 도움이 될 것이오."

그때까지 우리 독립군의 폭탄 제조 기술은 수준이 낮아서 폭탄이 제때 잘 터지지 않거나 엉뚱한 곳에서 터져 오히려 던지는 사람이 부상을 입기도 했어요.

김원봉 선생은 마자르를 데리고 상해로 갔어요. 집을 한 채 구하고, 그 집 지하실에 비밀 폭탄 제조 공장을 차렸어요. 마자르는 그곳에서 조선 청년들과 함께 폭탄을 제조했는데, 그 성능이 뛰어나서 일본 경찰은 그 위력에 몸서리를 쳤다고 해요. 독립군들에게 고문을 일삼는 종로경찰서에 던진 김상옥 의사의 폭탄도 마자르의 작품이라고 해요.

그 후 마자르가 어떻게 됐는지는 알 수 없어요. 자신의 조국 헝가리로 돌아갔는지 아니면 조선 독립군들과 함께 일제에 맞서 싸우다가 최후를 맞았는지 기록이 남아 있지 않아요.

마자르는 사실 이름이 아니라 헝가리의 마자르족이라는 부족 이름이래요. 독립운동가들이 일본 경찰에 잡힐 것에 대비해 자신의 본명을 숨기는 경우가 많았듯이 이 청년의 이름도 그냥 부족 이름인 마자르라고만 전해지고 있어요.

김상옥 의사 일제강점기의 독립운동가로, 마자르가 만든 폭탄을 일제의 종로경찰서에 던진 뒤 경찰과의 총격전에서 죽임을 당했어요. (사진·위키피디아)

이태준과의 약속을 지켜 준 이름 모를 헝가리 청년에게 늦게나마 진심으로 고마운 마음을 전합니다.

2. 주요 활동

세브란스병원 의학교에서 의사가 되다

이태준 선생은 1905년 을사늑약으로 나라가 일제의 반식민지 상태가 되자 고향 함안에서 슬픔과 분노의 나날을 보내다, 1907년 서울로 올라왔어요. 평생의 스승이자 동지가 되는 김필순이라는 분이 형 김윤오와 함께 운영하는 '김형제상회'라는 가게를 찾아갔어요. 그곳은 물건만 파는 것이 아니라 독립운동가들의 모임 장소이자 연락처이기도 했어요.

처음에 이태준 선생은 이곳 상점에서 허드렛일을 거들었어요. 그러면서 독립운동을 위해 애쓰는 사람들을 만나게 되었지요.

1907년 고종은 네덜란드 헤이그에서 열린 만국평화회의에 이준, 이상설, 이위종 세 명의 사신을 비밀리에 파견했어요. 1905년 을사년에 일제가 강제로 맺은 조약의 잘못된 점과 일제가 조선을 완전한 식민지로 삼으려 하는 것을 폭로하고 호소하여 한국의 국권 회복을 이루고자 보낸 것이지요.

협회의 회합에 귀빈으로 초대된 이위종이 프랑스어로 '한국의 호소'라는 제목으로 일제 침략을 규탄하는 연설을 하여 큰 호응을 받았어요. 이 연설을 각국 신문기자들이 취재해 자기 나라의 신문에 싣게 되어 사정을 알리자, 조선을 지지하는 세계적인 여론이 일어나기도 했어요. 그렇지만 일본의 방해로 본회의 참석은 할 수 없었어요.

사실 만국평화회의는 말만 평화회의일 뿐 식민지를 더 많이 차지하려는 제국주의 나라끼리 이익을 나누는 자리였기 때문에 약소국인 대한제국의 호소는 받아들여지지 않았어요.

이준 열사는 그곳에서 분함을 이기지 못해 병이 들어 사망했고, 이상설, 이위종 두 사람은 이완용 내각에 의해 사형 선고를 받아 조국에 돌아오지 못했어요. 우리나라를 침략하려는 일제에 대해 비판 연설을 한 것인데 사형 선고를 내리다니 이완용은 일제보다 더 악랄한 친일파가 틀림없어요.

고종 황제가 헤이그 만국평화회의에 비밀리에 특사를 파견했다는 사실을 알게 된 일제의 통감 이토 히로부미는 고종을 강제로 황제 자리에서 쫓아내고, 8월 1일 대한제국 군대를 해산시켰어요. 이에 항의해 박승환 참령이 권총으로 자결하자 군대 해산을 반대하는 대한제국 군인들이 무기고를 부수고 무기를 들고 나와 일본군과 싸웠어요. 나라를 지켜야 하는 군인들이 나라를 빼앗으려는 적들과 싸우는 것은 당연한 일이잖아요. 그것이 군인의 임무이니까요. 이 내용은 김필순 선생의 이야기에서도 나왔었지요?

다친 군인들을 세브란스병원 의사와 학생들이 소달구지로 실어 나르는 것을 이태준 선생도 똑똑히 봤어요. 함께 부상병들을 병원으로 옮기며 죽어 가는 동포들을 살리는

헤이그에 파견된 특사(왼쪽부터 이준, 이상설, 이위종) 이준 열사는 헤이그에서 분을 참지 못하고 병들어 사망했고, 이상설, 이위종은 이완용 내각에 의해 사형 선고를 받아 조국으로 돌아오지 못했어요. (사진·위키피디아)

1907년 헤이그 만국평화회의 모습 말만 평화회의일 뿐 식민지를 더 많이 차지하려는 제국주의 나라끼리 이익을 나누는 자리였어요. (사진·위키피디아)

의사들 모습에 감동을 받았어요.

"아, 의사는 나라를 위해 정말 중요한 일을 할 수 있구나. 그렇다면 나도 어렵겠지만 의사가 되어야겠다!"

사실상 근대 교육은 한 번도 받지 못했던 이태준 선생이 의사가 된다는 것은 거의 불가능한 일이었지만, 선생의 의지는 대단했어요.

이태준 선생은 결국 1907년 10월, 세브란스병원 의학교에 입학하게 되었어요. 당시 세브란스병원 의학교의 교육 과정은 매우 엄격하고 어려웠던 것으로 유명했어요. 산골에서 서당을 다닌 것이 유일한 공부였던 이태준 선생이 그 과정을 무사히 따라갔다는 것은 정말 대단한 일이에요.

1909년 10월 26일, 안중근 의사가 하얼빈역에서 동양평화의 원수 이토 히로부미를 총으로 쏘았어요.

이토 히로부미는 대한제국을 무너뜨리기 위해 을사늑약을 강요하고, 고종을 황제의 자리에서 강제로 끌어내렸을

안중근 의사 1909년 10월 26일, 동양 평화의 원수 이토 히로부미를 총으로 쏘아 죽였어요. (사진·위키피디아)

저격 직전의 이토 히로부미 왼쪽에서 두 번째, 모자에 손을 올린 이가 이토 히로부미예요. (사진·위키피디아)

뿐 아니라, 일본 황실에 진상하기 위해 귀중한 문화재를 수없이 빼앗아 간 인물이에요. 한일병탄을 추진한 조선통감인 그는 조선인들의 가장 큰 적이라고 할 수 있죠. 이런 인물을 총으로 쏜 것은 대한제국 독립운동의 상징적 사건이라고 할 수 있어요. 안중근 의사는 그 자리에서 체포되어 이듬해 3월 26일 사형당했어요.

1910년, 세브란스병원 의학교 학생이던 이태준 선생은 특별한 사람을 만나게 돼요.

"이태준 군, 여기는 내 친구 안창호 선생이오. 이번에 심한 옥고를 치르고 나왔소. 잘 치료해 주십시오. 여기는 제 후배 이태준 군이오. 이분이 치료할 겁니다."

두 사람은 반갑게 인사를 했어요.

안중근 의사가 이토 히로부미를 처단한 직후, 안창호 선생은 신민회 간부들과 함께 헌병대에 체포되어 심한 고문을 받았어요. 안중근 의사를 뒤에서 조종했다는 죄목이었지요.

안창호 선생은 3개월 뒤인 1910년 2월 석방되어 세브란스병원에 입원한 거예요. 감옥에 있는 동안 심한 고문과 학대로 몸이 많이 상했던 안창호 선생을 김필순 선생이 반강제로 입원시킨 것이죠. 입원해 있는 동안 안창호 선생은 이태준 선생의 성품과 독립에 대한 의지를 눈여겨봤어요.

"이태준 군, 신민회의 비밀 청년단체인 청년학우회에 들어오세요."

안창호 선생은 가입 회비까지 대신 내 주면서 청년학우회 회장이던 최남선에게 이태준 선생을 추천했어요.

세브란스병원에서 퇴원한 안창호 선생은 조선에서는 활동이 불가능하다고 판단해 중국을 거쳐 러시아로 갔다가, 미국으로 망명하여 독립운동을 했어요. 이후 상해 임시정부가 수립되자 내무총장이 돼요.

안창호 선생은 김필순 선생과 이태준 선생이 조국을 떠나 망명한 뒤에도 서로 편지로 왕래하며 조선 독립을 위해 힘을 합친 동지들입니다.

이태준 선생은 4년 만인 1911년에 세브란스병원 의학교를 졸업하게 돼요. 2회 졸업생 때부터 4년제로 학제가 정해졌기 때문에 가능한 일이었지요. 한 과목이라도 성적이 좋지 않으면 졸업할 수 없었으므로 꽤 엄격했다고 볼 수 있어요. 함께 졸업한 2회 졸업생은 6명이었어요.

1911년 6월 2일, 세브란스병원 내에 있는 남대문교회에서 졸업식이 열렸는데, 일본 데라우치 총독, 조선인 고관들, 미국과 중국 영사, 다른 학교 교장들, 주교 등이 참석했어요. 이 여섯 명의 졸업생들은 6월 16일 자로 총독부로부터 의술개업인허장을 받고 정식 의사가 되었어요.

중국 남경으로 망명하여 독립운동을 모색하다

이태준 선생이 중국의 남경에서 미국의 안창호 선생에게 보낸 1912년 7월 16일 자 편지에 중국 망명을 결심하게 된 이유가 나와요. 세브란스병원 의학교를 졸업한 후 병원에서 근무하게 되었으나 날로 심해지는 일제의 침략과 탄압

1911년 세브란스병원 의학교 제2회 졸업생 2회 졸업생은 모두 6명이었는데, 맨 뒷줄 왼쪽에서 네 번째가 이태준 선생이에요. (사진·독립기념관)

에 분노하던 중, 1911년 10월 중국에서 신해혁명이 일어나자 큰 감동을 받았어요. 그러던 중 조선총독부가 신민회를 탄압하기 위해 조작한 '105인 사건'으로 김필순 선생이 체포될 위기에 빠지게 되었어요.

"아무래도 나는 중국으로 망명을 해야 할 것 같소."

김필순 선생이 먼저 조선을 탈출하게 되었지만, 어디로

가는지 정확한 행선지는 서로 말하지 않았어요. 아예 어디로 가는지 모르는 것이 서로를 위해 안전했지요.

이태준 선생은 좀 더 상황을 살펴본 뒤 김필순 선생의 뒤를 따라 망명하기로 했어요. 하지만 경성역에서 김필순 선생을 배웅하고 병원으로 돌아온 이태준 선생은 깜짝 놀랐어요.

"이태준 선생님, 김필순 선생님과 함께 조선을 떠나신 거 아니었어요?"

병원 사람들 사이에 이미 자신이 일본 경찰을 피해 김필순 선생과 함께 중국으로 망명했다고 소문이 났던 거예요. 그렇다면 경찰도 바로 이태준 선생을 잡으러 올 것이 뻔했어요.

이태준 선생은 그길로 다시 병원을 나와 무작정 망명길에 오릅니다. 김필순 선생이 당연히 남경으로 갔을 것으로 판단했어요.

"간도는 토지가 넓고 러시아와 가까워 큰일을 할 수 있지만, 교통이 너무 불편하다. 교통이 편하고 중국 혁명가들도 만날 수 있는 남경이나 상해로 가셨을 거야."

하지만 남경에 도착해 김필순 선생을 찾았으나, 어디에서도 찾을 수가 없었어요.

이태준 선생은 갑자기 떠나게 되어 아무런 준비도 없이 왔으므로 몹시 어려운 처지에 놓이게 되었어요. 말도 통하지 않고 당장 갈 곳도 없어 몇 달을 힘겹게 지냈지요. 간신히 중국인 기독교 신자의 도움으로 기독회의원이라는 병원의 의사로 취직하게 됩니다.

이때 도산 안창호 선생에게 보낸 편지가 아직 남아 있어요. 이태준 선생이 김필순 선생과 안창호 선생을 많이 의지하고 믿었다는 사실을 알 수 있는 편지이지요.

"도산 선생님.

저는 이곳 남경에서 돈도 떨어지고 말도 통하지 않아 여간 답답한 것이 아닙니다. 5, 6개월 정도 아주 어렵게 지냈지만, 7월경에는 중국의 혁명 정당 인물들과 알고 지내게 되어 답답함이 덜합니다. 게다가 조선 유학생 여섯 명도 만났습니다. 김필순 선생님이 어디로 가셨는지 소식을 듣지 못해 답답합니다. 혹여 선생님과 연락이 되신다면 제게도 소식을 전해 주십시오."

이태준 선생은 김필순 선생과의 연락을 간절하게 원하고 있었어요. 북만주 치치하얼로 간 김필순 선생과 몽골로 간 이태준 선생이 이후에 서로 연락이 닿아 만났을지 못 만났을지 전혀 알 수 없어요. 임시정부나 독립군들을 통해 편지를 주고받았을 수도 있지만 영영 못 만났을 가능성이 더 커요.

몽골에서 전염병을 치료하여 절대적인 신임을 얻다

중국에 있던 이태준 선생은 1914년에 몽골 울란바토르로 옮겨 가게 돼요.
몽골은 1911년에 중국의 신해혁명을 틈타 청나라부터 독립을 선언했어요. 하지만 중국과 러시아로부터 완전한 독립을 승인받지 못한 상태였어요. 러시아와 중국, 몽골

간에 체결된 3국 협정에서 몽골의 독립은 인정하지 않고, 자치만 허용되는 상태였어요. 대한제국보다는 조금 나은 처지였지만, 몽골 역시 위태로운 상황이었지요.

이태준 선생은 김규식 선생과 의논하고, 김규식 선생은 대한민국 임시정부 내무총장 안창호 선생의 의견에 따라 몽골 지방에 비밀 군관학교를 설립할 계획으로 남경을 떠났어요.

김규식 선생과 이태준 선생은 세브란스병원 앞 김형제상회에서 처음 만났을 거예요. 김규식 선생은 105인 사건에 연관된 신민회 사람들을 국내외로 연결하는 역할을 했거든요.

"이태준 선생, 몽골에 가서 비밀 군관학교를 지읍시다. 나라를 빼앗겼는데, 우리도 군대를 갖고 준비해야죠. 독립 전쟁을 준비해야 합니다."

김규식 선생의 의견에 찬성한 이태준 선생은 비행기 조

종사인 서왈보라는 청년과 함께 몽골로 갑니다. 김규식 선생이 임시정부 내무총장 안창호 선생에게 보낸 편지에 몽골로 가겠다는 내용이 남아 있어요. 김규식 선생과 이태준 선생의 몽골행은 독립운동가들 합의에 의한 결정이었던 것이지요. 북간도 만주는 이미 일본군의 감시가 너무 심했기 때문에 무관학교를 세우기가 힘들겠다고 판단한 것이지요.

이태준, 서왈보 두 사람은 차도 없고 길도 험한 몽골까지 몇 달에 거쳐 고생 고생하면서 간신히 수도 울란바토르에 도착했어요.

"저 사람들은 뭘까요?"

몽골에 도착하니 수많은 사람들이 거리에 아무렇게나 쓰러져 있었어요. 어른들도 있었고, 아주 어린 아이들도 있었어요. 알고 보니 몽골 전체에 전염병이 심하게 번지고 있었던 것이지요. 전 국민의 80%가 걸린 무서운 병이었어요. 당시 몽골은 의학이 발달하지 않아 치료할 방법도 없이 전염병은 점점 퍼져 나가며 심해지기만 했어요. 결국 몽골 인구는 60만 명대로 떨어졌어요. 이대로 가다가는 지구상에서 몽골이라는 나라가 없어질 지경이었지요.

전염병이 심해 집에서 쫓겨나온 노숙자들이 거리 이곳저곳에 아무렇게나 누워 앓고 있었고, 심지어 죽은 사람들 시체도 치우지 못한 채 널려 있었어요.

이태준 선생은 환자들을 살펴본 뒤 곰곰 생각했어요.

"몇 년 전 독일의 생화학자가 발명한 전염병 약이 있다던데, 그걸로 치료하면 균이 죽지 않을까?"

이태준 선생은 아주 심한 환자에게 자신이 치료를 해 보겠다고 제안했어요.

"선생님, 저는 이미 죽음을 각오하고 있으니 제발 시험해 주세요. 죽어도 원망하지 않겠습니다."

치료는 즉시 효과가 나타나서 이 병을 앓던 환자들이 멀쩡하게 건강해졌어요.

이태준 선생은 몽골에 있는 약을 모두 사서 치료를 시작했어요. 그러자 수많은 몽골 사람들이 이태준 선생을 찾

서왈보 독립운동가이자 한국 최초의 항공기 조종사로, 이태준 선생과 함께 몽골로 이주하여 병원을 짓는 데 큰 힘을 보탰어요. (사진·위키피디아)

아오기 시작했어요.

"까우리(고려) 의사, 극락세계에서 내려오신 부처님이다!"

"리다인(이대암-이태준 선생의 호)은 우리를 살리러 오신 신이다!"

소문을 들은 몽골 사람들이 몰려와 제발 자신을 먼저 치료해 달라고 아우성을 쳤어요.

"모두 치료해 줄 테니 걱정 말고 순서대로 기다리세요.

그래야 더 빨리, 더 많이 치료할 수 있습니다. 꼭 모두 치료해 줄게요."

이태준 선생은 완치된 몽골 사람들 중에서 일을 도와줄 사람들을 모집했어요. 자진해서 나서는 사람들이 상당히 많았지만, 감당하기 힘들었어요. 서왈보 청년이 의견을 냈어요.

"빨리 병원을 지어야겠어요. 길거리에서 진료를 할 수는 없잖아요. 멀리서 온 환자들은 입원해서 치료해야 해요. 그리고 계속 무료로 치료를 해 줄 수는 없어요. 아주 어려운 사람들을 제외하고는 치료비를 받아야 합니다."

이태준 선생은 치료를 맡아 하고, 서왈보 청년은 다른 사람들과 병원을 짓기 시작했어요.

몽골 사람들이 더 많이 몰려들기 시작했어요. 얼마 지나지 않아 몽골에 있는 모든 약이 바닥이 났어요.

"어쩐다. 중국에 있는 분들한테 부탁해 보자."

이태준 선생은 상해에 있는 임시정부 사람들에게 급히 연락을 해 약을 구해 달라고 했어요. 만약 부족하면 비소

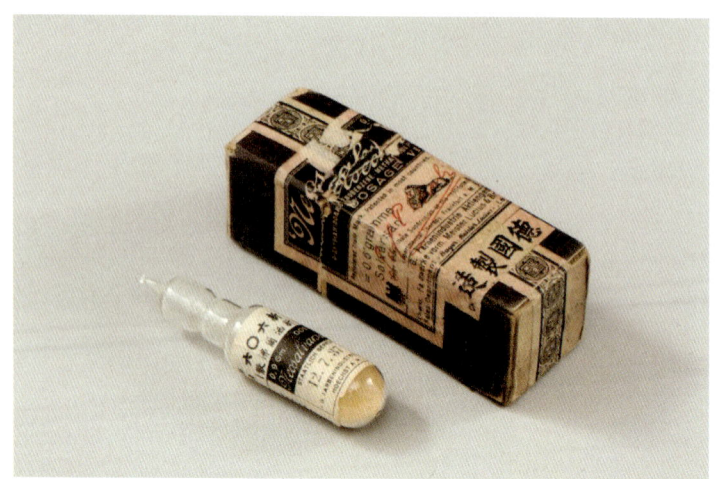

독일의 생화학자가 발명한 전염병 약 이태준 선생이 몽골의 전염병 환자들을 치료하는 데 큰 역할을 했어요. (사진·서울대학병원 의학박물관)

라는 독약을 구해서 보내 달라고 했지요.

"비소를 물에 옅게 풀어 치료제로 써야겠어. 그것 역시 균을 죽이는 독이니까 전염병에 효과가 있을 거야."

상해 대한민국 임시정부에서 공급받은 약으로 몽골 사람들 전염병은 차츰차츰 사라지기 시작했어요.

이태준 선생에 대한 소문이 몽골 전체에 퍼진 어느 날이었어요.

"우리는 몽골 왕궁에서 나온 사람들이오. 왕께서 리다인 선생을 모셔 오라고 했어요. 함께 궁으로 갑시다."

궁에 들어간 이태준 선생은 왕이 심한 병에 걸린 걸 알아봤어요. 이태준 선생은 왕과 왕비도 치료해 줬고, 곧 완치됐어요. 이 일로 이태준 선생은 몽골 왕궁에도 출입하게 되었고, 당시 왕인 복드 칸의 어의가 되었어요.

이태준 선생은 몽골을 구한 공으로 훈장을 받았어요. 몽골 왕족들의 두터운 신임을 얻게 된 이태준 선생에게 왕은 1919년 7월, '귀중한 금강석'이란 뜻의 '에르데니 인 오치르'라는 높은 훈장을 줬어요. 외국인에게 줄 수 있는 가장 높은 훈장이라고 해요. 이 사실은 상해 임시정부에서 발행하던 1919년 11월 11일 자 《독립신문》 기사에 보도되어 중국에 있는 독립운동가뿐 아니라 조선에도 널리 알려졌어요.

몽골 국왕은 이태준에게 보답으로 자동차를 선물했는

몽골의 국왕 복드 칸 이태준 선생은 국왕 복드 칸과 왕비의 병을 치료해 주어, 왕궁에도 출입하게 되었고 복드 칸의 어의가 되었어요. (사진·위키피디아)

데, 운전사도 한 명 딸려서 보내줬어요. 이 사람이 바로 앞에 나왔던 헝가리 청년 마자르예요. 당시 헝가리도 오스만 제국의 식민지였기 때문에 마자르는 자신의 조국과 비슷한 처지인 조선의 독립운동을 도왔던 거예요. 이렇게 그때는 독립을 하려는 다른 민족을 도와주기도 하고 도움을 받기도 했어요.

상해 임시정부에 독립자금을 운반하다

몽골에서 절대적인 신망을 받는 의사가 된 이태준 선생은 자신의 병원인 '동의의국'을 애국지사들의 연락처로 사용했어요. 동의의국이라는 이름은 '독립의 같은 뜻을 가진 동지들의 병원'이라는 뜻이에요.

이 무렵 이태준은 김규식의 사촌 동생인 김은식과 재혼했어요. 김은식도 열렬히 독립운동을 하는 분이었어요.

이때 당시 세계는 제1차 세계대전이 끝나고 1919년 파리 강화회의를 열게 되었어요. 우리나라에서도 여러 사람을 여러 경로로 파견하려고 준비했는데, 그중 김규식 선생도 포함되어 있었어요. 김규식 선생은 미국에서 유학을 해서 영어를 잘했고, 또한 프랑스어도 상당히 잘했어요. 외교에도 뛰어났기 때문에 사신으로 파견되는 것이 제격이었어요.

문제는 돈이었지요. 파리까지 가는 교통비도 만만치 않았고 그곳에서 묵을 돈도 필요했는데, 부담이 될 만큼 큰 돈이었어요. 이제 막 생긴 임시정부에도, 독립군들에게도 그만한 돈이 없었지요. 그때 흔쾌히 돈을 댄 것이 이태준 선생이었어요.

"규식 형님. 파리에 가서 세계만방에 조선의 입장을 알려 주세요."

임시정부는 이태준 선생한테 돈을 빌리면서 나중에 갚겠다고 문서를 남기기도 했어요.

대한민국 임시정부 대표단인 김규식 선생 일행이 파리 강화회의에 어렵게 어렵게 참석했지만, 문전박대만 당했어요. 어느 나라도 일본의 침략에 항의하는 대한민국 임시정부 대표의 목소리에 귀를 기울여 주지 않았어요. 한마디로 일본만 남의 나라를 빼앗은 게 아니라 영국, 프랑스도 똑같이 남의 나라를 강제로 빼앗은 제국주의였기 때문이지요. 강화회의라는 것 자체가 제1차 세계대전에서 이긴 영국, 프랑스, 일본, 러시아 등이 진 나라의 땅을 서로 나눠 갖기 위해 만난 것이었거든요.

힘센 나라들의 이익만을 반영한 회의 결과에 분노한 식

파리 강화회의에 참석한 김규식(앞줄 오른쪽 끝) 이태준 선생은 김규식이 파리에 갈 수 있도록 교통비와 여비 등을 지원했어요. (사진·위키피디아)

민지의 민족주의 인사들은 제국주의 나라들에 기대서 독립을 할 수는 없다는 생각을 뼈저리게 하게 되었어요. 그중 일부는 사회주의로 눈을 돌리게 되었지요.

우리나라 임시정부에 있던 독립운동가들 중 일부도 사회주의나 공산주의를 받아들였어요. 공산주의 혁명을 일으켜 부패한 제정 러시아를 무너뜨리고 러시아 소비에트 공화국의 인민위원장이 된 레닌에게 조선의 독립을 도와 달라고 외교를 펼쳤어요. 영국이나 프랑스, 미국보다는 중국이나 소련이 오히려 우리를 도와줄 확률이 훨씬 높았으니까요.

1920년 여름, 소련 정부는 드디어 대한민국 임시정부에 독립자금 200만 금루블을 지원해 줄 것을 약속했고, 이 가운데 1차로 40만 루블의 금괴가 지급되었어요.

상해 임시정부까지 무사히 가져가는 임무를 맡은 박진순과 한형권이라는 독립군이 모스크바로부터 시베리아 횡단철도를 거쳐 몽골의 울란우데까지 40만 루블의 금괴를 무사히 옮겼어요. 두 사람은 밤낮으로 금괴 상자 위에서 교대로 잠을 자면서 옮겼다고 해요. 대한제국의 독립자금으로 쓰일 금괴를 도둑맞으면 안 되니까 목숨보다 더 소중하게 운반했던 것이지요.

울란우데에 도착한 금괴는 두 길로 분산해서 운반하기로 했어요. 자금 모두를 한꺼번에 옮기다가 일본군이나 마적 떼를 만나 빼앗기면 큰일이니까요. 그런 최악의 상황을 막기 위해 6만 루블은 한형권이라는 독립군에게 외교 활동 자금으로 줬고, 나머지 34만 루블 가운데 12만 루블은 몽골을 통해 운반하기로 한 거예요. 나머지 22만 루블은 만주리를 통해 상해 임시정부로 옮기기로 했고요.

이태준 선생이 몽골에서 중국 베이징까지의 위험천만한 운송을 맡게 되었어요. 이태준 선생은 몽골에서 신분이 보장된 왕의 주치의였으며, 무엇보다도 자동차가 있었으니까요.

이 12만 루블 중에서 8만 루블은 김립이라는 분이 이태준 선생의 도움을 받아 울란바토르, 북경을 거쳐 1920년 초 무사히 상해 임시정부로 운반했어요.

이태준 선생은 8만 루블을 성공적으로 옮긴 직후, 북경에서 의열단 단장 약산 김원봉 선생을 만났어요.

"이태준 선생님, 반갑습니다. 저는 밀양 사람 김원봉이라고 합니다."

"아, 이태준이라고 합니다. 저는 밀양에서 가까운 함안 사람입니다."

두 분은 고향이 아주 가까운 곳이어서 더욱더 반가웠어요.

"대암 선생님, 독립을 위해서는 무장투쟁 이외의 다른 방식이 있을 수 없습니다. 작년 3월 만세운동 때 얼마나 많은 동포들이 일본 놈들 총칼에 죽어 갔는지 들으셨죠? 군대 없이 어떻게 전쟁에서 이길 수 있겠습니까? 그래서 의열단이란 단체를 만들었습니다."

일본군을 몰아내고 조국의 독립을 이루며 신분제도를 없애자는 사상에 감명받은 이태준 선생은 즉석에서 의열단에 가입했어요.

"조선을 강제로 빼앗은 일본 놈들 우두머리와 그들의 앞잡이 친일파 놈들을 응징할 것입니다. 그런데 지금 우리 독립군 기술로는 제대로 된 폭탄을 만들 수가 없습니다. 어디서 폭탄 기술자를 찾아야 하는데……."

"아! 제 차를 운전하는 헝가리 마자르족 청년이 도와줄 수 있을 것 같은데요. 다음번에 꼭 함께 오겠습니다."

이렇게 약속하고 이태준 선생은 몽골로 돌아갔던 거예요.

하지만 남은 독립자금 4만 루블을 운반하기 위해 몽골로 돌아간 이태준 선생을 기다리고 있었던 것은 '미친 남작'이라는 별명의 러시아 백위파 장교 운게른이었어요. 러시아에서 혁명군에 쫓겨난 그는 몽골로 와 중국 군대를 물리치고 울란바토르를 점령하고 있었지요. 이때 이태준 선생은 몽골을 점령하고 있던 중국군 사령관 가오 시린의 주치의였어요. 가오 시린은 이태준 선생에게 함께 가자고 권했어요.

"의사 선생. 러시아 백위파 군대가 몽골을 점령할 것 같소. 선생도 후퇴하는 우리 중국 군대를 따라 함께 피신합시다."

하지만 이태준 선생은 거절했어요.

"저는 이곳이 집이고, 여기에 가족이 있습니다. 중국 군대를 따라 떠나면 더 안전하다는 것을 알지만, 어린 딸과

아내 때문에 떠날 수가 없습니다."

이렇게 말했지만, 사실은 임시정부에 전달해야 할 금괴 때문에 떠나길 거절한 거예요. 그러자 자신을 돌봐야 할 의사인 이태준 선생이 따라오지 않겠다는 데 화가 난 중국군 사령관 가오 시린은 이태준 선생의 손등을 칼로 내려치기도 했어요. 이 사실은 몽골에서 이태준 선생의 최후를 지켜봤던 러시아인 보리스 볼코프라는 사람이 쓴 회고록에 나와 있어요.

독립자금을 운반한 일 말고도 이태준 선생은 상해 임시정부를 여러 가지 방식으로 지원했어요. 또 임시정부에 수시로 돈을 기부하기도 했고요. 몽골에서 유명한 의사였기 때문에 환자들이 밀려들었고, 거기서 많은 돈을 벌 수 있었거든요. 그 돈으로 수많은 애국지사들의 숙식과 교통 비용을 담당했지요. 1920년에는 상해 임시정부에서 러시아 소비에트 정부에 파견하는 한영관이라는 사람에게 당시 돈 100원을 빌려주기도 했어요.

이태준 선생은 상해 임시정부의 군의관으로도 활약했는데, 이런 사실은 고향 함안에 있는 가족에게 보낸 편지에 적혀 있기도 해요.

　이태준, 김규식 선생뿐 아니라 많은 독립군들이 몽골에 무관학교를 세워야 한다는 생각을 했어요. 가장 중요한 역할을 할 이태준 선생이 일찍 순국하는 바람에 그 꿈은 이루어지지 않았어요.

3. 이태준 선생의 생애

1883년

이태준은 1883년 11월 21일, 경상남도 함안군 군북면 명관리에서 아주 가난한 농부의 큰아들로 태어났어요.

세브란스병원 의학교에 입학하기 전까지 이태준이 어떤 교육을 받았는지에 대해서는 남겨진 기록이 전혀 없어요. 마을 사람들에게 전해 내려오는 이야기나 후손의 구술로 짐작만 할 뿐이에요.

당시 함안은 산으로 둘러싸인 산골이었는데, 이태준이 살던 명관리는 인천 이씨들이 모여 사는 씨족 마을이었어요. 그 마을에는 '도천재'라는 유교 사당이 있었지요. 그곳에서 이씨 집안 아이들에게 유학과 한문을 가르치는 서당도 함께 운영했어요. 도천재 서당은 1970년대까지도 인천

이씨 집안 아이들이 다녔던 곳으로 지금도 남아 있어요.

기록은 남아 있지 않지만, 이태준 또한 그곳에 다녔을 거예요. 이씨 집안의 남자아이들은 모두 그곳에 다녔고, 공부에 대한 열망이 컸던 어린 이태준은 당연히 그곳에 다녔을 테니까요. 공부도 아주 열심히 했을 것으로 보입니다. 이후에 세브란스병원 의학교에 들어가 어려운 의학 공부를 마칠 수 있었던 것은 어린 시절의 서당 공부 덕분이겠지요.

1907년

이태준은 안위지라는 분과 결혼해 수남과 수용이라는 두 딸을 낳았어요. 1907년, 부모님과 아내와 어린 두 딸을 두고 홀로 서울로 갔어요.

이태준이 서울로 올라간 이유에 대해 후손인 증손녀의 증언에 따르면, 당시 외국 선교사들이 함안 지역에 들어와 있었대요. 선교사들은 교회에 다니면 공부를 할 수도 있고, 독립을 할 수도 있다며 젊은이들에게 기독교를 전도 했어요. 기독교 신자가 된 이태준이 선교사들의 추천으로 아는 사람 하나 없는 서울로 올라가 취직을 했다는 거예요.

서울에 간 이태준은 어린 딸들을 비롯한 가족과 편지로 연락을 했지만, 안타깝게도 지금 그 편지들은 남아 있지 않아요.

이태준이 서울로 간 몇 년 뒤, 부인은 사망하고 두 딸은 친척과 교회 도움을 받으면서 어렵게 생활했어요. 독립운동하러 간 이태준의 딸이라고 밀고를 한 사람 때문에 일본 경찰로부터 곤욕을 치르기도 했다고 합니다.

1907~1911년

'김형제상회'에서 허드렛일을 돕던 이태준은 1907년 10월, 세브란스병원 의학교에 입학했어요. 만 4년 만인 1911년 세브란스 제2회 졸업생으로 졸업하게 됐어요. 이후 세브란스병원 의학교 당직 의사로도 근무했어요.

1912~1920년

신민회 활동과 관련, 일제의 탄압을 피해 중국 남경으로 망명했다가 무관학교 설립의 중요성을 깨닫고 몽골로 향했어요. 이곳에서 독립군 김규식의 사촌 동생 김은식과 결혼을 해 부부가 함께 독립운동에 나섰어요.

당시 몽골에는 몽골인들 80%가 전염병에 걸려 고생하고 있었어요. 몽골인들의 전염병을 치료해 주고, 울란바토르에 동의의국이라는 병원을 개원했어요. 몽골 국왕의 주치의가 되었으며, '귀중한 금강석'이라는 훈장을 받기도 했어요.

1921년

1921년 코민테른에서 상해 임시정부에 보내는 독립운동 자금을 운반하던 중 러시아 백위파 부대에 잡혀 죽임을 당했어요. 이태준 선생이 순국한 뒤에 운전사였던 헝가리 청년이 의열단 김원봉 선생을 만나 독립군들에게 폭탄 제조법을 알려줬어요. 독립군들에게 고문을 일삼는 종로

세브란스병원 의학교 이태준 선생은 1907년 세브란스병원 의학교에 입학하여 제2회로 졸업하고, 이후 세브란스병원 의학교 교수로 학생을 가르치면서 의사로도 근무했어요. (사진·위키피디아)

경찰서에 던진 김상옥 의사의 폭탄도 마자르의 작품이라고 해요.

이태준 선생이 사망한 후 몽골인들은 몽골 민족을 구한 그의 시신을 수습해 자신들이 성스러운 산이라 부르던 복드 칸 산언덕 양지바른 곳에 묻어 주었습니다. 그러나 그 이후 시간이 흐르면서 무덤이 사라져 버렸어요.

세월이 흐른 뒤 몽골 정부는 이태준의 무덤을 찾기 위해 정부기록 보존소를 뒤지고, TV 광고 등을 통해 포상금을 걸면서까지 대대적으로 노력했지만, 그의 원래 무덤은 찾지 못했다고 합니다.

1923년

이태준이 살해당한 뒤 부인 김은식의 행적은 정확하게 알려져 있지 않아요. 하지만 1923년 12월 21일 자 신문에 김은식이 일본 경찰서에 체포되어 취조를 받았다는 기사가 실렸어요. 그것으로 보아 김은식 선생은 이태준 선생 살해 뒤에도 내몽골의 귀화성 일대에서 꾸준히 독립군으로 활동했던 것으로 보입니다.

1990~2021년

이태준 선생이 공산주의자들과 연결되었다고 비판하는 사람들이 있어요. 나라를 잃은 백성으로서 조선의 독립을 위해 그 어떤 나라의 도움이라도 받으려 애썼던 것은 마찬

가지였어요. 미국, 영국의 도움을 받으려는 사람들이나, 소련, 중국, 몽골의 도움을 받으려는 사람들이나 모두 마음은 하나였지요. 그만큼 절박했고 조선의 독립을 도와준다면 어떤 나라와 세력이라도 도움을 요청할 수밖에 없었습니다.

지금의 잣대로 미국의 도움을 받으려던 사람은 독립군이고, 소련의 도움을 받으려던 사람은 독립군이 아니라고 말할 수는 없지요.

이태준 선생은 1980년 대통령 표창을 받았고, 1990년 대한민국 정부로부터 건국훈장 애족장을 받으며 독립유공자로 서훈되었어요.

2000년에 몽골 울란바토르에 기념비를 세웠고, 2001년에는 몽골 정부와 연세대 의료원, 연세대학교 의과대학 총동문회의 후원으로 기념 공원이 세워졌지요.

2017년 9월 29일에는 국립 서울현충원에 이태준 선생과 부인 김은식 선생을 기리는 부부 위패가 봉안되었어요.

대암 이태준 기념관 외부 전경 2021년 많은 분들의 노력으로 고향 경남 함안에 뒤늦게나마 대암 이태준 기념관이 건립되었어요. (사진·이창숙)

2021년 많은 분들의 노력으로 고향 경남 함안에도 뒤늦게나마 '대암 이태준 기념관'이 건립되었어요. 근처에 갈 일이 있다면 꼭 한 번 들러서 이태준 선생님의 발자취를 돌아보면 좋겠습니다.

신분 차별의 벽을 부수고,

독립운동의 길로 나아가다

의사 박서양은 아버지 박성춘과 함께 신분 차별의 벽을 부수고

세브란스의 의사가 됩니다.

이후 간도로 망명해 독립운동과 의술을 펼치는 내내

어려운 환경에 있는 아이들의 교육에 힘쓴 진정한 교육자입니다.

의사 박서양
(1885~1940년)

(사진·위키피디아)

1. 간도 숭신학교 학생들의 대한독립 만세 시위

1929년 10월 말, 전라도 광주에서 학생 운동이 일어났어요. '광주학생운동'이라 불리는 이 사건은 나주역에서 시작되어 광주를 거쳐 전국으로 번져 이듬해 3월까지 벌어진 학생 중심의 항일 독립운동이에요.

"대한독립 만세!"

"식민지 교육 철폐!"

"일본제국주의 타도!"

이런 구호를 외치며 전국 320개 학교 5만4,000여 명의 학생이 참여했던 역사적인 사건이에요. 3·1만세운동, 6·10만세운동과 함께 일제강점기 3대 항일 독립 만세운동 중 하나이지요. 그 결과 전국에서 5,000여 명이나 되는 학생들이 퇴학이나 정학을 당했고, 수많은 학생이 일제 경찰로부터 폭력을 당했어요.

지금 현재 광주시 서구에 광주학생독립운동 기념관이 있답니다. 처음 사건이 터지게 된 나주에도 기념관이 있으며, 나주역은 1929년 당시의 모습 그대로 보존되어 있어요.

당시 조국에서 들불처럼 타올랐던 광주학생운동의 영향은 중국의 간도까지 밀려오게 돼요.

"우리도 여기서 일본제국주의에 반대하는 시위를 해야 하는 것 아닙니까?"

"옳습니다. 대한독립을 외칩시다!"

드디어 1930년 2월 19일, 중국 간도의 국자거리, 시내 중심가에서 숭신학교 학생들 50여 명이 모여 시위를 시작했어요.

"대한독립 만세!"

그러자 순식간에 많은 조선인들이 이 대열에 모여들었어요. 이 시위대는 곧 수많은 사람들로 불어났고, 모두 한목

소리로 목이 터져라 대한독립을 외쳤어요.

"다 체포해!"

중무장하고 출동한 일본 경찰은 곤봉과 채찍으로 마구잡이로 때리며 폭력적으로 시위대를 강제 해산시켰어요. 그러자 점점 더 많은 조선인들이 참가했고, 옆에 있던 중국인들까지 합세해 천 명이 넘는 사람들이 만세 시위를 벌이게 되었어요. 이 과정에서 숭신학교 학생 20여 명이 경찰에 연행됩니다. 이날의 만세 시위를 핑계 삼아 당시 일본 간도 총영사는 숭신학교를 불순한 조선인 학교로 낙인찍어 버리고, 혹독한 감시와 탄압을 하기 시작했습니다.

숭신학교는 박서양 선생이 1917년 6월, 5명의 교사와 함께 중국 국자거리 하시장에 세운 장로교 계통의 초등학교로 산술, 한문, 일본어, 조선어 등을 가르치는 학교였어요. 숭신학교는 특별한 재산이 없는 상태에서 학부모와 기독교 신자의 모금으로 학교를 운영했기 때문에 경제적으로 많이 어려웠어요. 부모들이 학교에 좀 더 책임감을 갖도록

하기 위해서 기부금을 받았지만, 형편이 어려운 아이들이 더 많았기 때문에 기부금을 낼 학부모가 거의 없었지요.

"학비를 내지 못할 형편이라도 공부할 수 있게 해 줄 테니 포기하지 말고 공부하도록 해라."

숭신학교는 무료로 다니는 아이들이 많았어요. 그래도 박서양 선생은 아이들이 공부를 포기하지 않도록 끝까지 책임졌어요. 백정의 아들인 자신이 당당한 의사로 우뚝 설 수 있었던 것도 배움을 포기하지 않았기 때문이라는 것을 잘 알고 있었기 때문이지요.

박서양 선생은 종로 곤당골 학당에서 고아와 어려운 처지의 아이들을 아무 대가 없이 가르쳐 준 무어 선교사의 은혜를 이 아이들에게 대신 갚는다고 생각했어요.

"조선이 독립하기 위해서는 배워야 한다. 어떤 어려움이 있어도 포기하면 안 된다."

숭신학교에 다니는 아이들은 박서양 선생이 어떤 삶을 살아왔는지 모두 알고 있었어요. 그래서 더욱 존경하며 선생님을 본받으려 노력했어요.

2. 주요 활동

아버지 박성춘, 신분 차별 철폐 운동에 앞장서다

　박서양 선생에 대해서 알려면 먼저 아버지 박성춘에 대해 알아야 해요.
　요즘은 직업에는 귀천이 없고, 사람은 평등하다고 말하지요. 하지만 조선시대는 양반과 상민의 차별이 엄연히 존재하는 계급 사회였어요. 그중에서도 소 돼지를 잡아 파는 백정은 가장 천한 신분이었어요. 호적도 없어서 정확한 나이도 알지 못하고, 이름도 없는 경우가 많았어요. 거지보다도 더 낮은 신분이었다고 하면 이해가 될까요?
　지금의 서울 종로에 '피맛골'이라는 동네가 있어요. 조선시대 때 말을 타고 지나다니는 양반들 등쌀에 백성들이 피해 다니던 골목이라 '말을 피하는 동네', 즉 피맛골이 된 것이지요. 이곳에는 서민들이 이용할 수 있는 싸고 푸짐한 음식점들이 많았는데, 그곳에 고기를 대는 백정들 중에 이름도 없이 박가라고만 불리던 사람이 있었어요. 바로 박서양 선생의 아버지였지요.

박가의 집에 1885년, 첫째 아들 봉출이가 태어났어요. 부지런하고 알뜰하고 머리 좋았던 박가는 천한 신분과 달리 경제적으로는 꽤 여유로웠어요. 아들 봉출이를 애지중지 사랑했지만 학교를 보낼 수도, 백정 이외의 다른 직업을 갖게 할 수도 없었어요. 양반만이 교육받을 수 있는 세상에서 더구나 천한 신분인 백정이 학교에 다닌다는 것은 상상도 할 수 없던 시절이었지요.

1883년 미국 북장로회 선교사로 한국에 온 사무엘 무어 목사는 주로 백정들을 대상으로 선교 활동을 하고 있었어요. 고운 담으로 연결된 집들이 있는 동네라는 뜻의 '곤담골' 혹은 '고운담골'이라 불리는 동네에서요.

사무엘 무어 목사 미국의 선교사로, 주로 백정을 대상으로 선교 활동을 하면서 학당을 짓고 아이들을 무료로 가르쳤어요. (사진·위키피디아)

사무엘 무어 목사는 모삼열이라는 조선 이름을 짓고, 자기도 열심히 조선말 공부를 하면서 이곳에 학당을 짓고 아이들을 무료로 가르쳤어요.

"돈을 안 받을 것이니 공부하고 싶은 아이들은 모두 여기로 모이시오."

고아나 가난한 집 아이들뿐 아니라 신분이 낮은 집 아이들도 가르친다는 말에 백정 박가는 아들 봉출이를 이곳에 보냈습니다. 봉출이는 이곳에서 다른 아이들과 똑같이 글을 배우고 산수를 배우게 되었어요.

 1894년 7월, 중국과 일본이 우리나라 땅에서 전쟁을 벌였는데 이 전쟁을 '청일전쟁'이라고 해요. 전쟁 말기가 되자 장티푸스라는 전염병이 극성을 부려, 하루에 300명씩 죽어 나갔어요. 당시 장티푸스는 무서운 전염병으로, 이름도 치료법도 알지 못해 사람들은 괴질이라고 부르며 두려워했지요.
 그러던 어느 날 관자골 봉출이 아버지가 전염병에 걸려 심하게 앓게 됐어요. 하지만 천한 백정의 몸을 치료해 줄 의사도 약을 지어 줄 한약방도 없었어요. 백정들은 병이 나면 치료도 못 받고 그대로 죽을 수 밖에 없던 시절이지요.
 그때 봉출이는 사무엘 무어 목사를 찾아갔어요.
 "저희 아버지를 살려주세요."
 울며 매달리는 봉출이를 본 무어 목사는 서양에서 온

의사 에비슨 박사를 데리고 가 환자를 돌보게 했어요. 앞에 나온 김필순 선생과 이태준 선생의 스승이던 그 에비슨 박사 맞아요. 에비슨 박사는 당시 고종의 주치의였어요. 임금의 몸을 살피던 손으로 백정의 몸을 돌본다는 것은 당시로서는 말도 안 되는 일이었지만, 에비슨 박사는 거리낌 없이 박가의 몸을 진찰하고 치료를 했어요.

집은 가난하게 보이지 않았으나 다른 집들처럼 작았다. 병자가 누워 있는 방은 작고 낮았으며 두꺼운 장판지로 된 바닥은 9월인데도 따뜻했고, 환자는 얇고 가벼운 이불 위에 누워 있었다.

에비슨 박사는 그날의 일을 회고록에 이렇게 자세하게 적어 놓았어요. 백정 박가는 몇 번이나 왕진을 와서 친절하게 진찰하고 치료해 주며, 또 신분 차별도 하지 않는 에비슨 의사에게 깊은 감명을 받았어요. 그때까지 믿고 있던 천주교에서 개신교로 바꿨어요. 그리고 자기 이름도 지어

'봄에 새로 태어났다'는 뜻을 담아 '성춘(成春)'으로 바꿉니다. 아들 봉출이의 이름도 '상서러운 태양이 되라'는 뜻을 담아 '서양(瑞陽)'으로 지었어요.

이런 내용들은 42년간 조선에서 살다 돌아간 뒤 조선에서의 삶을 기록한 에비슨 박사의 회고록에 자세하게 기록되어 있어요. 이 기록물은 개인들의 사연뿐 아니라 당시 조선의 사회상을 이해하는 데 좋은 자료가 되고 있지요.

박성춘은 무어 목사와 함께 백정의 해방을 위한 신분 차별 철폐법을 건의해요. 1895년 5월 6일, 내부대신 유길준에게 다음과 같은 탄원서를 보내요.

우리 백정들은 천대받는 일곱 천인들 중에서도 가장 밑바닥 사람으로 천대받아 왔습니다. 이 세상 어디에 이런 고통이 있겠으며, 우리가 당하는 수많은 천대를 어찌 다 말로 할 수 있겠습니까? 다른 곳으로 도망쳐 다른 사람과 같이 고개 들고 살고 싶었던 적이 한두 번이 아니었습니다. 우리도 다른 백성들처럼 차별받지 않고 살게 해 주십시오.

마침내 1895년 6월 6일, 백정 신분을 없앤다는 포고문이 거리마다 나붙었어요.

무어 목사가 자신의 나라에 보낸 편지가 《코리안 리포지터리》라는 잡지 1898년 4월호에 실렸는데, 이 잡지에 이때 박성춘과 함께 작성해 보낸 탄원서의 내용이 자세하게 기록되어 있어요.

평민이 된 박성춘은 독립협회 운동에 적극 참여했어요. 1898년 독립협회는 여러 차례 만민공동회라는 모임을 열었어요. 서울 시민, 상인, 일부 지식층이 함께 모인 집회로, 정기적으로 계획된 것이 아니라 그때그때 중요한 일이 있을 때 열렸고, 연설할 대표도 집회 당일 선출했어요. 만민공동회는 백성들이 지위와 상관없이 모든 계층의 사람들이 함께한 근대적 대중 집회였어요.

이 당시는 일본뿐 아니라 러시아도 대한제국을 식민지

로 삼으려는 욕심으로 야금야금 손을 뻗치고 있을 때였어요. 만민공동회에 모인 백성들은 그런 러시아를 규탄하고 자주독립을 외쳤어요. 러시아는 대한제국 백성들의 여론에 밀려 군사 교관과 재정 고문을 철수시키고, 또 석탄 저장고 기지 설치를 위해 부산의 절영도라는 섬을 빌려줄 것을 요구했던 것도 없던 일로 후퇴했어요.

백성들은 7월에 독일과 일본을 각각 규탄하는 집회를 여는 등 러시아 이외 일본을 비롯한 영국이나 프랑스 등 다른 힘센 나라가 대한제국의 이권을 가져가는 것도 비판했어요. 독립협회와 관계없이 백성들이 스스로 만민공동회를 열기도 했는데, 3월 12일 남촌의 평민들이 자발적으로 연 만민공동회에는 수만 명이 모였다고 해요.

1898년 10월 29일에도 종로 네거리에서 만민공동회가 열렸어요. 박성춘은 66명 총대위원 중 한 사람의 자격으로 나가서 연단 위에서 첫 번째로 연설했어요. 만 명이나 모인 사람들 앞에서 정3품 관리들을 앞에 두고 개막 연설

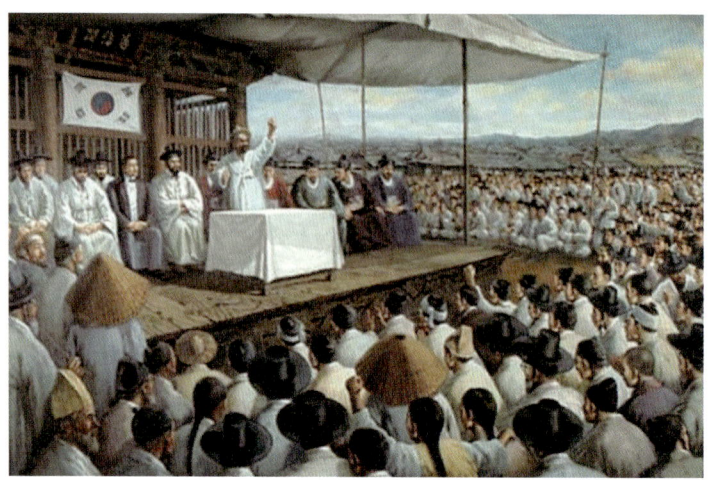

만민공동회 모습 1898년 10월 29일 종로 네거리에서 열린 만민공동회에서 박서양 선생의 아버지 박성춘은 만여 명의 사람들 앞에서 첫 번째로 연설했어요. (사진·독립기념관)

을 하게 된 것이지요. 당시 이런 일은 천지가 개벽할 정도로 놀라운 일이었어요.

"저는 대한의 가장 천한 신분인 백정 출신이며, 무지몽매한 자입니다. 그러나 충군애국의 뜻은 알고 있습니다. 외국 세력에 우리 대한제국을 맡기지 말고, 우리 관과 백성이 힘을 합해 대한을 지켜야 합니다."

박성춘은 백정 출신으로는 최초로 교회 장로도 되었어요. 그러자 양반 기독교 신도들 반발이 심했어요. 백정과 한자리에 앉아 예배를 볼 수 없다고 항의하며 백정을 교회 다니지 못하게 하라고 했지만, 무어 목사는 듣지 않았어요. 그러자 양반들은 이번에는 천민들은 뒤편에 따로 앉게라도 하라고 요구했지요. 하지만 무어 목사는 천민이든 양반이든 절대 차별할 수 없다고 거절했어요. 양반 신도들이 반발해 교회를 나갔지만, 무어 목사는 끝까지 그 뜻을 굽히지 않았어요.

교회 장로가 되고 많은 사람 앞에서 연설까지 했다고 해서 백정인 박성춘이 곧바로 평등한 삶을 살 수 있었던 것은 아니에요. 이후에도 계속 신분제 철폐를 위한 운동을 하게 됩니다. 박성춘과 무어 목사는 전국의 백정 마을을 찾아다니며 평등사상을 전하는 데 노력을 아끼지 않았어요. 박성춘은 경기, 충청 지역에 장로교 노회에서 재정을 담당하는 임원으로 활동했고 이후 은행가가 되었어요.

《황성신문》 1908년 8월 29일 자에 실린 내용에 따르면,

박성춘은 보흥야학이라는 학교를 설립한 것으로도 나옵니다. 교육이 필요한 대한제국의 아이들을 위해 자신의 재산을 보탰던 것이지요. 이때는 일제가 항일애국 계몽운동을 막기 위해 사립학교령을 발표한 때였어요. 이에 맞서 선각자들이 개량 서당을 운영하고 야학을 설치해 민족교육을 열심히 하던 시기였어요.

아들 박서양 선생은 간도에서 독립운동과 의술을 펼치고, 아버지는 대한제국에서 교육 활동을 했던 것이지요. 그 아버지에 그 아들이라고 할 수 있지요? 정말 훌륭한 분들이 아닐 수 없습니다.

진짜 사람, 의사가 되다

박서양 선생은 1898년 결혼하게 되는데, 무어 목사가 주례를 맡았고 에비슨 박사도 초대받아 참석했어요. 결혼식이 끝난 뒤 박성춘은 에비슨 박사의 손을 꼭 잡고 부탁을 했어요.

"박사님, 우리 아들을 이제 진짜 사람이 되게 해 주세요."

"사람이 되게 해 달라니요?"

백정도 호적을 갖고 천한 백정 신분을 없앤다는 왕실의 포고문이 붙기도 했지만, 현실에서의 차별은 여전했어요.

"겉모습만 사람이 아니라 진정한 사람이 되게 해 주세요. 공부를 하고 전문적인 직업도 갖는 진짜 사람, 진짜 사람을 만들어 주세요."

에비슨 박사는 친구가 된 박성춘의 간절한 부탁이 무슨 뜻인지 알 것 같았어요. 그래서 박서양 선생을 보고 물었어요.

"박서양 군, 무슨 일을 시키든지 내가 하는 대로 따르겠습니까?"

"네, 박사님. 믿고 따르겠습니다."

에비슨 박사는 박서양을 세브란스로 데려왔어요. 하지만 처음부터 의학 공부를 시킨 것은 아니었어요. 처음에는 병원 구석구석 온갖 허드렛일만 시켰어요. 바닥 청소와 침대 정리를 시작으로 힘든 일을 모두 박서양 선생에게 시켰지요. 박서양 선생은 그 일을 불평 한마디 하지 않고 묵묵히 성실하게 해 냈어요.

1년을 그렇게 일하고 난 1900년 8월 30일, 에비슨 박사는 박서양 선생을 불렀어요.

"박서양 군, 제중원의학교 정규 학생으로 등록하세요."

박서양이 어려운 의학 공부를 해 낼 수 있는지 됨됨이를 보려고 에비슨 박사는 일부러 그런 일만 시켰던 거예요. 비로소 책을 읽고 공부할 수 있도록 허락한 것이지요.

당시 제중원의학교는 불완전한 상태였어요. 교수들도 부족했고, 강의와 함께 환자도 돌봐야 했기 때문에 강의 시간이 턱없이 부족했고, 실습 도구나 교과서 등 모든 것이 부실했어요. 1904년에는 다른 의학교에 다니던 세 사람이 전학해 들어와 동기생이 7명이 되었어요.

의학 공부는 생각했던 것보다 훨씬 어려웠는데, 박서양 선생은 특히 처음 배우는 남의 나라 말인 영어가 어려웠어

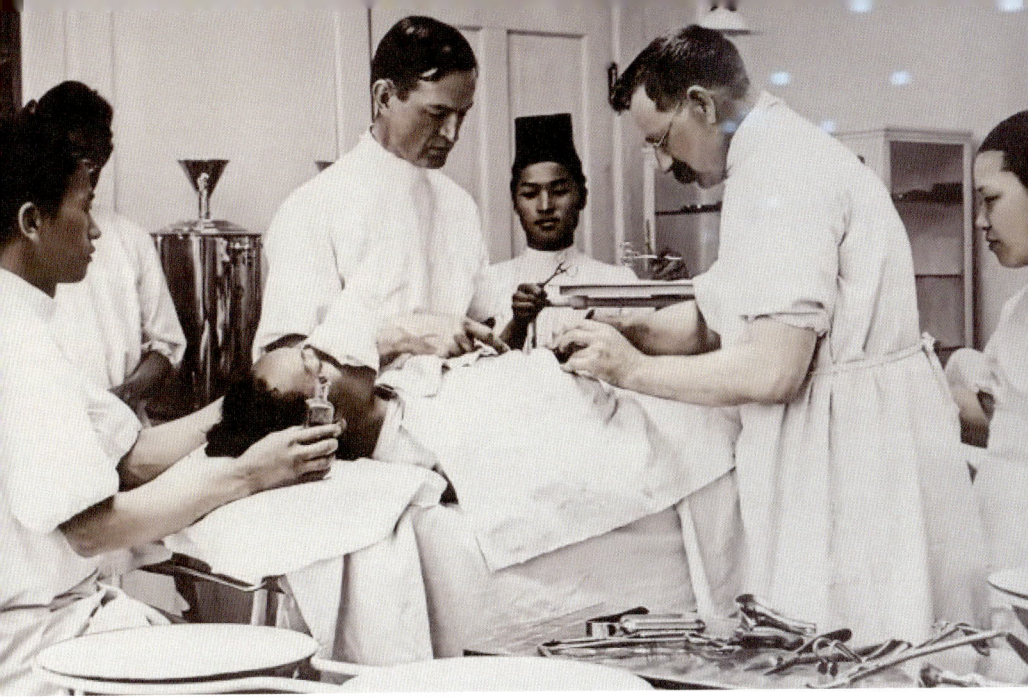

1904년 에비슨 박사의 외과 수술 모습 오른쪽 안경 쓴 사람이 에비슨 박사이고, 왼쪽 의사는 허스트 박사, 가운데 탕건 쓴 사람이 박서양 선생이에요. (사진·위키피디아)

요. 하지만 동기생 여섯 명 중에서 세 명이 중간에 자퇴한 뒤에도 박서양 선생은 끝까지 공부를 포기하지 않았어요. 이후 제중원은 의사를 내지 못하고 문을 닫았다가 세브란스병원을 개원하면서 옮겨 가게 돼요. 박서양 선생도 세브란스병원 의학교 학생이 되었어요.

세브란스병원 의학교 1회 졸업생 7명은 입학 연도가 모두 달라요. 이때까지 학제가 정비되어 있지 않았기 때문에 교수가 이 정도면 됐다고 허가할 때까지 7년에서 10년을 공부했기 때문이에요.

박서양 선생은 1906년 수업과 함께 의학 실습도 하게 되었어요. 교수의 지도 아래 절단술과 같은 큰 수술도 무난히 할 수 있을 정도로 모든 종류의 수술을 진행할 수준이 되었어요.

어느 날이었어요.

"박서양 선생. 나와 함께 왕진을 갑시다."

허스트 교수와 함께 합동에 사는 김하염 씨 집에 왕진을 갔더니 임산부가 아기를 낳으려고 하고 있었어요. 며칠 동안이나 애를 낳으려고 했으나, 고생만 하고 아이가 나오지 않았어요. 할 수 있는 방법은 모두 했으나 실패해 산모와 아기 모두 지쳐서 아주 위험한 상태였어요.

"제발 산모와 아이를 살려주세요."

가족들은 두 사람을 보자 눈물을 흘리며 마지막 기대를 했어요. 박서양 선생은 침착하게 허스트 박사를 도와 세 시간 만에 아이를 낳게 했어요.

서양 의학이 아직 낯설고 신기하던 시절이라 이런 사실은 《대한매일신보》 1907년 10월 22일 자에 실리기도 했어요. 신문의 끝에는 이런 조언을 붙이기도 했어요

산후까지 극진히 치료하여 산모가 속히 소생하였다 하니 한국 풍습으로 해산 때 굿이나 치성 같은 쓸데없는 짓을 하지 말고 이 일을 본받아 환자가 생기면 즉시 병원을 찾으라.

이렇게 한 번 두 번 진료를 하고 수술을 하면서 박서양 선생은 점차 의사로서의 자신감을 찾아갔어요.

세브란스병원 의학교 1회 졸업생 7명 중 박서양 선생은 주현칙 선생과 각별히 친했다고 해요. 주현칙 선생은 기생의 아들로 사회 최하층 출신이라는 공통의 아픔이 있었기 때문이었죠.

주현칙 선생은 졸업 후 평안북도에 병원을 개업하고, 흥사단 일원으로 항일운동에 뛰어들어 두 번 감옥에 투옥되

있다가 해방을 보지도 못하고 숨을 거뒀어요. 이분의 삶도 우리가 꼭 기억해야 할 소중하고 훌륭한 독립군의 역사입니다.

박서양 선생은 졸업과 동시에 전임 교수로 임명돼 화학 강의를 맡게 되었어요. 1911년 2회 졸업식에서 김필순, 홍석후 선생과 함께 후배들을 이끌고 졸업식장까지 행진을 했고, 졸업하는 제자들에게 진급 증서를 수여했어요.

교육 계몽운동에 나서다

박서양 선생은 세브란스에서 교수로 의사로 바쁜 와중에도 다양한 사회 활동을 했어요. 동창들과 함께 YMCA에서 학생들을 가르쳤고, 중앙, 휘문, 오성학교 등 중고등학교에서 화학과 생물학을 가르치기도 했어요.
한번은 수업을 하려는데 학생들이 웅성거리더니 하나둘 일어나 나가기 시작했어요. 백정 출신 선생한테서 배우기

종로에 있던 YMCA 박서양 선생은 세브란스에서 교수로 의사로 바쁜 와중에도 동창들과 함께 YMCA에서 학생들을 가르쳤고, 중앙, 휘문, 오성학교 등 중고등학교에서 화학과 생물학을 가르치기도 했어요. (사진·위키피디아)

싫다는 말을 노골적으로 하면서요.

"맞다. 나는 백정의 자손이다. 내 몸에는 500년을 이어 온 백정의 피가 흐른다. 그러나 자네들은 내 안의 백정 말고 내가 가르치는 서양 학문을 봐라. 공부란 스스로 하는 것이고, 자신과 사회를 위해서 하는 일 아닌가. 공부를 하지 않고 가겠다는 이유가 내 출신 때문이라면 너무나 나약한 변명이 아닌가. 자네들이 원하지 않는다면 지금 밖으로 나가 다시는 이 교실로 돌아오지 않겠다. 그래도 되겠나? 양반이 와서 가르치면 학문이고, 백정 출신이 가르치면 학문이 아니던가?"

박서양 선생이 백정의 아들이라는 이유로 수업을 거부당한 일이 한두 번이 아니었어요. 의사가 된 뒤에도 여전히 차별이 존재했던 것이지요.

"서양의 학문은 출신을 따지지 않고 누구든지 배우고 써먹을 수 있다. 차별을 두지 않기 때문에 그들의 힘이 강한 것이다. 지금 우리 대한제국은 힘이 없어 일본과 러시아, 또 다른 나라에 휘둘리지 않는가. 그러면서도 우리 조선 사람들끼리 서로 차별하고 업수이 여긴다? 이래서야 되겠는가?"

박서양 선생은 이런 편견과 차별을 견디며 교육 계몽운동을 더 열심히 이어 갔어요. 우리나라가 일본제국주의의 식민지로부터 벗어나는 길은 백성들이 깨우쳐야 한다고 생각했기 때문이에요.

박서양 선생은 음악적 재능도 뛰어났어요. 노래 부르는 것뿐 아니라 서양 음악 이론에도 밝았습니다.

"승동학교에 음악과를 설치합시다."

1909년 2월, 한국 근대 최초의 음악 전문 교육기관을 설립하는 데 앞장서기도 했어요. 물론 교회에서는 성가대 활동을 열심히 했고요.

박서양 선생은 서양 음악뿐 아니라 우리나라 전통 음악에도 관심이 많고 재주가 남달랐어요. 1913년 4월에는 조선정악전습소라는 학교의 가야금과를 졸업하기도 했어요. 박서양 선생의 음악적 역량은 이후 간도에서 선교 활동이나 교육, 계몽운동을 펼치는 데도 큰 도움을 주었어요. 어찌 보면 박서양 선생은 의사이면서 예술가이기도 했던 것이지요.

북간도에 구세병원과 숭신학교를 세우다

1911년 말 김필순과 이태준이 중국으로 망명하면서 학교에는 교수가 부족하게 되었어요. 결국 1912년 1월 세브란스병원 의학교는 폐쇄되었다가, 1912년 10월에 다시 문을 열게 되었어요.

1913년에 박서양 선생은 세브란스병원 의학교의 조교수가 되었으며, 외과학 교실의 조교수와 부교수를 지내며 환자도 진료했어요. 1914년부터 1915년까지 2학년 학생들에게 작은 수술을 할 수 있는 소외과를 가르쳤고, 해부학도 가르쳤어요.

그러던 1917년, 세브란스병원 의학교가 연합 의학전문학교로 승격될 즈음에 박서양 선생은 에비슨 박사에게 사직서를 냈어요. 놀라는 에비슨 박사에게 박서양 선생은 이렇게 말했어요.

"좀 더 뜻있는 일을 해야 할 것 같아요. 아이들에게 제대로 된 교육을 시켜야 할 것 같습니다. 이대로 가다간 조선인이 모두 일본인이 될까 두렵습니다."

박서양 선생이 세브란스를 그만둔 이유는 뭘까요?

세브란스병원 의학교가 의학전문학교로 승격될 때 일본 총독부에서 교수 임용과 관련해 까다로운 조건을 내걸었어요. 1910년 일제가 조선을 완전히 점령하고 난 뒤부터 학교 교사들은 군인처럼 제복을 입고 일본어로 수업을 해야 했고, 한글도 사용하지 못하게 했어요. 한글로 된 의학 교과서들도 모두 불태워졌고, 조선인 의사는 일본인 의사의 지시를 따라야 하는 상태가 됐지요.

일제의 교육 정책은 일본어를 보급하고 일제에 충성하기 위한 교육과 낮은 수준의 실업 교육 위주였기 때문에 조선인 중에 고등교육을 받을 수 있는 기회를 갖는 사람은 무척 드물었어요. 일제는 교육을 통해 식민지 정책에 말없이 따르는 노예를 만들고자 했으며, 고등교육을 받은 일부 조선인들을 자신들의 식민 통치에 이용하려고만 했어요. 한마디로 일본제국주의의 앞잡이, 친일파가 되라는 것이지요.

이런 상태를 박서양 선생은 견딜 수 없었어요. 모른 척 살아갔다면 어려움 없이 살 수도 있었겠지요. 하지만 박서양 선생은 그것을 단호히 거부한 거예요. 백정의 아들로 평생 천대받으며 살다가 이제 편안하고 안락한 삶이 보장되었는데 다시 험난한 길을 가겠다는 선택을 한 것이지요.

에비슨 박사는 떠나지 못하게 말리고 싶었지만, 박서양 선생의 뜻을 존중할 수밖에 없었어요. 누구보다 박서양 선생의 성품을 알고 있던 에비슨 박사는 조용히 앞날을 축복해 줄 뿐이었어요.

"나도 가난한 방직공장 노동자의 아들로 태어나, 어려서 조국인 영국을 떠나 캐나다로 왔어요. 힘든 상황에서도 언제나 용기를 잃지 않고 열심히 공부하고, 어려운 이들을 위해 봉사했습니다. 박서양 선생의 상황을 이해합니다. 누구보다 잘할 거라고 믿어요. 언젠가 독립된 조국에서 의술을 펼칠 수 있기를 바랄게요."

토론토대학 의과대학 교수이며 시장의 주치의였던 에비슨 박사도 모든 것을 내려놓고 조선이라는 나라로 떠나온 사람이었어요. 사랑하는 제자의 결정을 누구보다 응원했지요.

박서양 선생은 모든 것을 정리하고 중국 북간도 연길현으로 떠났어요. 당시 이곳에는 일제의 압박을 견디지 못하고 떠나온 조선인이 15만 명이나 되고, 일본인은 1,400명 정도 있었어요. 이곳은 캐나다 장로회가 교회, 학교 등을 설립해서 다른 지역보다는 비교적 안정된 지역이었어요. 조선에서 두만강을 건너기만 하면 되는 가까운 지역이기도 했고요.

박서양 선생은 우선 연길현 국자거리에 '구세병원'이란 이름의 병원을 세웠는데, 당시 그 지역의 유일한 서양 병원이었다고 해요. 조선인 46명, 일본인 6명 등 50여 명의 의사들이 이 지역에 있었지만 대부분 한의사였고, 제대로 된 병원 시설도 갖추지 못한 상태로 진료를 하고 있었어요. 병원 꼴을 갖춘 곳은 구세병원 한 군데밖에 없었지요.

조선인은 물론 중국인, 심지어 일본인들도 몸이 아프면 구세병원으로 몰려왔어요. 하지만 대부분은 가난한 조선 동포들이었어요.

"선생님, 죄송합니다. 돈이 없어서 치료비를 낼 수가 없어요."

"다음에 돈이 생기면 갚도록 하세요."

박서양 선생은 가난한 동포들을 공짜로 진료해 주기 일 쑤였어요. 기록에 의하면 1924년 한 해 동안 구세병원을 찾은 환자가 약 1만 명 정도 됐는데, 그중 1/3인 3,315명이 무료 진료를 받았다고 합니다. 박서양 선생의 성품을 알 수 있지요.

또한 선생은 숭신학교를 세워 조선의 아이들을 가르치려 애썼어요. 1923년 처음 졸업한 학생은 모두 28명이었어요.

숭신학교는 처음에 학부모의 모금으로 운영했지만, 흉년이 심해 경제적으로 어려워지자 돈을 기부하는 사람이 없어져 점점 더 어려워졌어요. 할 수 없이 박서양 선생은 학교의 모든 재정을 본인이 다 책임지게 됩니다.

박서양 선생은 숭신학교뿐 아니라 간도 지역의 다른 학

교들과의 교육연합체 결성에도 노력을 많이 했어요. 1917년 이 지역의 27개 연합운동회에 참가하는가 하면, 1923년에는 숭신학교에서 간도지역 조선인 학교 운영자들의 모임을 열기도 했지요. 이 자리에서 간도 교육협회가 만들어졌고, 박서양 선생은 집행위원이 됐어요. 1918년에는 간도 전체에서 48개의 조선인 학교가 참가하게 됩니다.

이렇게 조선인 학교들 간의 모임이 활발해지자 일본의 감시는 훨씬 심해졌어요. 무슨 꼬투리라도 잡아서 이 학교들을 문 닫게 하려고 눈이 벌겠어요.

그러던 중 조국의 광주학생운동에 감동받은 숭신학교 학생들이 거리에서 대한독립을 외치는 시위를 벌이게 되자 일제의 감시는 점점 더 악랄해졌어요. 결국 숭신학교는 1932년 강제 폐교당하게 되지요. 1년 뒤 다시 문을 열었지만 또 닫게 되고, 어렵게 다시 학교를 열었다 닫기를 반복하다가 1935년 완전히 폐교되고 말았어요.

교육만이 독립할 수 있는 길이라 믿었던 박서양 선생이 얼마나 마음 아파했을지 짐작이 갑니다.

독립 전쟁에 최초 군의로서 참전하다

박서양 선생은 학교를 세워 누구라도 무료로 교육받을 수 있게 하고, 병원을 세워 가난한 조선인과 독립군을 무료로 진료해 주는 것 외에도 직접 일제와의 전투에 군의(군인 의사)로 참여하기도 했어요. 박서양 선생은 자신의 업적을 드러내 자랑하는 성격이 아니었기 때문에 이런 사실도 나중에야 알려지게 되었어요.

1919년 3월 1일. 조선 전국에서 항일 독립만세 운동이 일어나자 간도에서도 3월 13일 만세운동이 일어났어요. 간도뿐만 아니라 중국으로 망명한 사람들이 여러 곳에서 만세운동을 벌였고 여러 항일 단체들을 만들었어요.
"우리 모두 뭉쳐서 일본에 대항해야 합니다."
이렇게 하나둘 생긴 단체들의 힘이 흩어지는 것을 막기 위해 각 단체를 합쳤는데, 이 단체가 '대한국민회'예요.
대한국민회는 간도 지역 연길현, 왕청현, 화룡현 등 3개현에 10개의 지방회와 133개의 지회를 두고 있던 북간도 최대의 독립운동 조직이었어요. 군사 조직도 갖춘 항일 투쟁 단체로, 봉오동전투와 청산리전투를 이끌어 일본군에게 엄청난 타격을 줬어요.

박서양 선생은 대한국민회 군사령부의 최초이자 유일한 군의관으로 임명되어 함께 전투에 나가 다친 독립군을 치료하기도 했어요. 뛰어난 무기로 무장한 일본군들과 맞서 허술한 무기로 싸웠던 독립군들은 부상자가 엄청 많이 생겼어요.

박서양 선생은 의사로서, 교사로서, 또 군인으로서 일제에 맞섰습니다. 그뿐만 아니에요. 《동아일보》 간도 지국의 기자로도 활동하며, 독립군들의 항일 투쟁을 고국에 알리기도 했지요.

1935년, 70세가 넘은 에비슨 박사는 세브란스병원에서 은퇴하고 조선을 떠나 자신의 나라로 돌아가게 되었어요. 마지막으로 중국 간도의 캐나다 선교회에 들렀던 에비슨

에비슨 박사의 은퇴를 알리는 신문 기사 1935년, 70세가 넘은 에비슨 박사는 세브란스병원에서 은퇴하고 우리나라를 떠나 자신의 나라로 돌아가게 되었어요. (사진·공훈전자사료관)

부부는 그곳에서 40리 정도 떨어진 곳에 제자 박서양이 있다는 소식을 들었어요.

"이제 마지막일 텐데 꼭 보고 가야겠어요."

박서양 선생을 만나러 가려던 에비슨 박사는 길을 떠날 수가 없었어요. 비가 너무 많이 오고 날씨가 나빠 걸을 수 없을 정도로 길이 진창이 돼 노인인 에비슨은 도저히 갈 수가 없었던 거예요.

"이번이 박서양 선생을 볼 수 있는 마지막 기회인데 못 보고 간다니 마음이 무척 아프군. 우리와 그렇게 깊게 삶이 연관된 사람을 다시 볼 수 없다니."

에비슨 박사는 내리는 비를 쓸쓸하게 바라봤어요.

이 소식을 들은 박서양 선생의 마음도 똑같았어요. 자신의 인생을 완전히 뒤바꿔 준 분이 에비슨 박사였으니까요. 무슨 일이 있어도 스승을 찾아뵈어야겠다고 마음먹었지요.

며칠 뒤 박서양 선생의 부인이 에비슨 부부를 만나러 쏟아지는 빗속에 나타났어요.

"남편도 함께 오려 했으나 때마침 먼 곳의 위중한 환자

에비슨 박사 부부 은퇴 뒤 고향으로 돌아가던 길에 간도에 들른 에비슨 박사 부부는 마지막으로 제자인 박서양 선생을 보고 가려 했으나 끝내 만나지는 못했어요.

가 와달라고 간곡히 청해서 그곳으로 갔어요. 남편이 너무 마음 아파했습니다. 죄송합니다."

"오, 아니에요, 아니에요."

에비슨 박사 부부는 박서양 선생의 부인과 부둥켜안고 눈물을 흘렸어요. 에비슨 박사는 박서양 선생을 만나지 못해 아쉬웠지만, 마음속으로는 흐뭇하게 생각했어요.

"의사에게 가장 중요한 것은 아픈 사람을 돌보는 것이지요. 그걸 실천하고 있는 제자가 한없이 대견하군요."

결국 에비슨 박사와 박서양 선생은 다시는 보지 못하고 각각 자신의 나라에서 세상을 떠났어요.

3. 박서양 선생의 생애

1885년

1885년 서울 관자골에서 백정 박가의 아들로 태어났어요. 신분 차별이 있던 당시에 백정의 아들이라는 것은 아버지의 뒤를 이어 백정이 되는 길 밖에는 없는 천민이라는 의미였지요.

미국 북장로회 선교사로 1883년 한국에 온 새뮤얼 무어 목사의 곤담골 학당에서 다른 아이들과 함께 글을 배우고 산수도 배웠어요.

1900~1913년

아버지 박성춘과 자신의 노력으로 제중원의학교를 졸업한 뒤 세브란스 교수가 되었어요. 세브란스에서 교수로, 의

박서양 선생의 의사면허 수여를 보도한 신문 기사 1908년 6월 3일, 박서양 선생은 세브란스병원 의학교를 제1회로 졸업하고 의사면허를 받았어요. (사진·위키피디아)

사로 바쁜 와중에도 YMCA, 중앙, 휘문, 오성학교 등 중고등학교에서 화학과 생물학을 가르치기도 했어요.

 음악적 재능도 뛰어나 노래뿐 아니라 서양 음악 이론에도 밝았습니다. 1909년 2월, 근대 최초의 음악 전문 교육 기관을 설립하는 데 앞장서기도 했지요. 서양 음악뿐 아니라 우리나라 전통 음악에도 관심이 많아, 1913년 4월에는 조선정악전습소라는 학교의 가야금과를 졸업하기도 했어요.

1917년

1917년 세브란스병원 의학교가 의학전문학교로 승격될 때 일본 총독부는 교수 임용과 관련해 까다로운 조건을 내걸었어요. 한글 의학 교과서들은 모두 불태워졌고, 조선인 의사는 보조 역할밖에 할 수 없는 상태가 됐지요. 이런 일제의 간섭과 탄압을 견딜 수 없었던 박서양 선생은 1917년 북간도로 망명했어요. 연길현 국자거리에 구세병원을 세워 의료 활동을 했고, 숭신학교를 세워 조선인 아이들을 가르쳤어요. 대한국민회 군사령부의 군의로, 다친 독립군들을 치료하기도 했어요.

1929~1935년

1929년 10월 말, 대한제국의 전라도 광주에서 일어난 학생 운동의 영향은 박서양 선생이 북간도에 세운 숭신학교 학생들에게까지 미쳤어요. 1,000명이 넘는 사람들이 독립 만세운동을 벌이자 일제는 숭신학교를 감시하고 탄압하기 시작했어요. 결국 1935년 숭신학교는 폐교되고 말았어요.

1929년 광주에서 일어난 광주학생독립운동 광주학생독립운동의 영향으로 박서양 선생이 북간도에 세운 숭신학교 학생들도 독립 만세운동을 벌였고, 결국 일제의 탄압으로 숭신학교는 1935년 폐교되고 말았어요. (사진·광주학생독립운동기념관)

1936년

1936년 박서양 선생은 조국으로 돌아왔어요. 숭신학교가 폐교되고, 1931년 만주사변 이후 일제가 만주에 대한 지배를 강화하여 간도 지역에서 조선인의 활동이 크게 위축되었기 때문이에요. 또 이미 50대가 되었으니 여생을 고향에서 보내고 싶기도 했지요.

1940년 12월 15일

　박서양 선생은 귀국 직후 황해도 연안에서 병원을 열었다가, 1940년 수색역 앞으로 이사했습니다. 북간도에서 귀국한 지 4년 뒤인 1940년 12월 15일 오전 6시, 고양군 은평면 수색리 165번지에서 55세의 나이로 영원히 눈을 감으셨어요.

　박서양 선생의 묘는 은평구 수색동에 있었는데, 1960년대 도시 개발로 다른 곳으로 옮겨졌다는 기록이 있어요. 하지만 그곳이 어딘지 기록되지 않아 지금은 어디 묻혀 있는지 알 수 없어요.

　근대 문명을 받아들여 그걸 자신의 돈벌이에만 쏟아부었던 수많은 조선의 지식인들과 달리, 박서양 선생은 조선에서 가장 억압받던 신분 출신이었지만 의사가 된 뒤에도 자신만의 삶에 안주하지 않았어요. 일제의 식민 지배를 부수기 위해 종교, 의료, 교육 등 다양한 측면에서 끊임없이 독립운동을 했던 훌륭한 분입니다.

2008년

칠레로 이민 간 후손들이 제공한 자료로 박서양 선생의 독립운동 활동이 뒤늦게 알려져, 2008년에야 대한민국 정부수립 60주년에 맞춰 건국포장이 수여됐어요.

지금 우리가 누리고 있는 자유와 행복은

모두 목숨 걸고 나라를 되찾기 위해 애쓴

독립투사들 덕분이라는 것을

잠시도 잊어서는 안 됩니다.

공훈 심사 완료된
독립운동가 의사 66인

한국의사100년기념재단은 독립운동에 헌신한 의사들의 치열한 삶을 담은 《열사가 된 의사들-의사 독립운동사》를 발간했습니다. 이 책에는 일제강점기 조국의 독립을 위해 일제에 항거하고 국권 수복을 위해 헌신한 의사 선각자들의 삶이 고스란히 기록되어 있습니다. 이분들의 행적을 간단하게 정리하여 이곳에 싣습니다. 자세한 내용은 《열사가 된 의사들-의사 독립운동사》를 참고하세요.

강기팔
(1896~1936년)

평남 강서 출신. 경성의전 졸업 후 해주 자혜의원에서 근무하던 중, 1919년 3·1운동에 참여하여 함종리와 범오리의 독립만세 시위 주동. 헌병대에 연행되어 고문을 받고, 2년 형의 옥고를 치름. 1990년 건국훈장 애족장(1980년 대통령표창).

강석린
(1919~1997년)

전북 김제 출신. 일본으로 유학하여 야마구치고등학교 재학 중, 1939년 항일단체 '여우회'에 참여. 창씨개명 반대, 조선어 폐지 반대 등의 항일활동을 벌이다 검거되어 1년여의 옥고를 치름. 일본 교토제대 의학부 졸업. 1999년 건국훈장 애족장.

강용운
(1911~1967년)

경남 함안 출신. 1931년 진주사범학교 졸업 후 교사로 근무하던 중 교육을 통해 항일운동. 1933년 체포되어 2년 6개월의 옥고를 치른 뒤, 1941년부터 의사로 활동. 2000년 건국훈장 애족장.

고수선
(1898~1989년)

제주 출신. 1919년 3·1운동 참여 후 상해 임시정부로 망명. 군자금 모집에 앞장섰으며, 이후 의대를 졸업하고 고향 제주에서 의사로 활동. 1990년 건국훈장 애족장(1980년 대통령표창).

곽권응
(1895~1950년)

평남 대동 출신. 1919년 3월 1일, 평양 숭덕학교에서 전개된 독립만세운동 주도. 3·1운동 참여로 검거되어 옥고를 치른 뒤, 늦은 나이에 세브란스의전 입학. 1999년 대통령표창.

권희목
(1891~1930년)

충북 제천 출신. 경성의전에 다니던 중 1919년 3·1운동에 참여, 조선민국 임시정부 포고문 등을 배포하다 붙잡혀 옥고를 치름. 1990년 건국훈장 애족장(1986년 대통령표창).

길영희
(1900~1984년)

평북 회천 출신. 경성의전 재학 중 1919년 3·1운동 때 학생대표로 서울의 만세운동에 참여하여 옥고를 치름. 배재·경신고등학교에서 교편생활을 하였으며, 1938년경부터는 인천에서 농촌 계몽운동과 문맹퇴치운동을 전개. 2005년 대통령표창.

김병수
(1898~1951년)

전북 김제 출신. 세브란스의전 재학 중 1919년 3·1운동 참여. 군산의 독립만세운동을 이끌었고, 서울의 제2차 학생시위를 주동하다가 체포되어 옥고를 치름. 1990년 건국훈장 애족장(1983년 대통령표창).

김영철
(1898~1987년)

경북 영일 출신. 경성의전 재학 중 1919년 3·1운동 참여. 이후 대한독립애국단, 조선독립대동단 등에 가입하여 독립 정신을 고취하는 선전 활동 전개하다 1920년 체포되어 옥고를 치름. 2000년 건국포장.

김중화
(1888~1972년)

평남 중화 출신. 1909년 매국노 이완용 처단 계획을 세우고, 이재명이 이완용을 찔러 중상을 입힌 후 체포되어 옥고를 치름. 1916년 만주로 건너가 병원과 독립군 양성 학교를 세우고 독립투쟁에 참여. 1990년 건국훈장 애족장(1963년 대통령표창).

김창세
(1893~1934년)

평남 용강 출신. 세브란스의전을 졸업하고, 1916년 상해로 망명하여 임시정부와 대한적십자회에서 활동. 1920년 흥사단에 입단하여 안창호를 보좌하였고, 1932년 미국 볼티모어에서 안창호 석방 활동 전개. 2001년 건국포장.

김창식
(1896~1970년)

평남 순천 출신. 경성의전 재학 중 1919년 3·1운동 참여, 서울 남대문 앞 광장에서 태극기를 흔들고 독립만세를 외치며 시위행진을 벌이다가 체포되어 옥고를 치름. 1993년 대통령표창.

김필순
(1878~1919년)

황해도 장연 출신. 1908년 세브란스병원 의학교 제1회 졸업. 1911년 중국으로 망명하여 서간도의 독립운동 기지 개척에 힘씀. 이후 몽골 치치하얼에 수십만 평의 토지를 매입하여 한인들을 이주시키고, 무관학교를 설립하는 등 독립운동의 후방 기지로 개척. 1997년 건국훈장 애족장.

김학현
(1885~1934년)

평북 선천 출신. 1919년 3·1운동 참여 이후 대한청년단 연합회에 가입. 선천 미동병원 의사로서 국내에 특파된 독립군을 환자로 위장시켜 은신하도록 하였으며, 선천경찰서 폭파 계획에 가담하여 활동. 1990년 건국훈장 애족장(1963년 대통령표창).

김형기
(1896~1950년)

경남 양산 출신. 경성의전 재학 중 1919년 3·1운동 참여. 독립선언서를 서울 시내 전역에 배포할 수 있도록 준비하고, 탑동공원에 모인 시위 군중과 함께 독립만세를 외치다 체포되어 옥고를 치름. 1990년 건국훈장 애족장.

나창헌
(1894~1936년)

평북 희천 출신. 경성의전 재학 중 1919년 3·1운동 참여. 이후 상해로 망명해 임시정부 활동. 사천성 만현에서 병원을 열고 의료업에 종사하는 한편, 흥사단 원동대회에 참가하여 활동. 1963년 건국훈장 독립장.

남상갑
(1924~2000년)

경기 양주 출신. 중앙중학교 재학 중 이현상 등과 항일학생 결사인 흑백당을 결성하여 활동. 1944년 세브란스의전 재학 중 친일파 처단을 위한 흑백당을 결성했다는 죄목으로 체포, 옥고를 치름. 1990년 건국훈장 애족장(1977년 대통령표창).

남상규
(1901~1972년)

서울 출신. 1921년 양정고보 졸업. 1925년 상해로 망명해 한국광복군 총사령부 대원으로 군사 활동 지원. 1931년 남양의과대학 졸업한 뒤 군의로 활동. 민족주의에 기초한 민주국가의 건설을 목표로 신한독립당 결성에 참여하여 활동. 2006년 건국훈장 애국장.

문창모
(1907~2002년)

평북 선천 출신. 1926년 배재고보 재학 중 6·10만세운동에 참여. 이후 1932년 황해도 해주의 구세병원 의사로 기반을 잡은 뒤, 친일 기독교인들에 반대하는 투쟁 활동 전개. 1995년 건국포장.

민찬호
(1903~1950년)

평남 양덕 출신. 보성고등보통학교 재학 중 1919년 2차 만세 시위에 참여, 이후 체포되어 옥고를 치름. 해방 직후 건국준비위원회 양덕군 위원장을 지냄. 2007년 대통령표창.

박서양
(1895~1940년)

서울 출신. 1908년 세브란스병원 의학교 졸업 후 모교에서 근무하다가, 1917년 북간도로 망명하여 구세병원, 숭신학교 설립. 적십자 소속 의사로 간도국민회 총부의 군의로 활동. 간도교육협회 집행위원으로 활동하는 등 만주에서 한인 대상 의료활동과 민족교육 사업 주도. 2008년 건국포장.

박천규
(1902~1967년)

평북 선천 출신. 1919년 독립청년단에 가입, 독립운동 자금 1,200원을 모으다 체포, 옥고를 치름. 1930년 경성제대 의학부 졸업 후 오산중학교 교의로 근무 중, 1943년 청소년들에게 애국정신을 길러 주기 위한 계몽활동을 하다가 체포, 다시 옥고를 치름. 1990년 건국훈장 애족장(1980년 대통령표창).

배동석
(1889~1924년)

경남 김해 출신. 1906년 대구계성중학교 재학 중 배일 혐의로 체포되어 옥고를 치름. 세브란스의전에 재학 중 1919년 3·1운동에 참가하고 체포되어 다시 옥고를 치름. 1990년 건국훈장 애족장(1980년 대통령표창).

백순보
(1922~1988년)

평북 운산 출신. 1943년 평양의전 입학 후 학도병 징집을 거부하고 북경으로 망명. 1945년 광복군 제3지대에 입대하여 부양에 있는 광복군 제3지대 본부 의무실에서 의무주임과 구호대장 등으로 활약. 1992년 건국훈장 애족장(1977년 건국포장).

변태우 | 제주 출신. 고향에서 의업에 종사하던 중, 1938년 아일
(1899~1965년) | 랜드인 선교사에게 모슬포 소재 해군비행장의 면적, 비행기 대수 등을 알려주었다가 국방보안법과 군기보호법 위반으로 체포되어 옥고를 치름. 1993년 건국포장.

서단파 | 충남 천안 출신. 1914년 테라우치 총독 암살 혐의로 검
(1891~1937년) | 거. 1920년 상해 임시정부에 가담. 1930년 중국 중앙군 육군 군의처장으로 근무. 1937년 강소성에서 전사. 1990년 건국훈장 애국장(1980년 건국포장).

서재필 | 전남 보성 출신. 1884년 갑신정변에 참여했다 실패 후
(1864~1951년) | 미국으로 망명, 조지워싱턴대학 의학부 졸업. 1895년 조국의 개화 독립에 봉사하기 위해 귀국하여 《독립신문》 창간, 독립협회 창립하여 독립문 세우고 만민공동회 개최. 1898년 미국으로 추방당함. 1919년 본국에서 3·1운동이 일어난 이후, 미국에서 대한민국의 독립을 위한 외교활동 등을 활발하게 펼침. 1977년 건국훈장 대한민국장.

석성기 | 경북 상주 출신. 1919년 경성국어보급학교 학생 시절
(1902~1970년) | 고향 상주에서 3·1운동 시위 주도, 체포되어 옥고를 치름. 출옥 후 경성의전에 입학하여 1926년 졸업. 1990년 건국훈장 애족장.

송영집　　　평남 용강 출신. 1939년 한국광복군 제2지대에 입대하
(1910~1984년)　　여 의무대에서 의사 및 간호 책임자로 활동하였으며,
지하 공작을 전개. 1944년 임시정부 내무총장이 발행한 의사증명서 받음.
1990년 건국훈장 애국장(1977년 건국포장).

송춘근　　　경기 양주 출신. 1919년 세브란스의전 재학 당시 3·1운
(1887~1971년)　　동에 가담. 스코필드 박사를 도와 일제의 한국인 학살
을 촬영한 사진을 미국 신문사에 보냄. 춘천지역에 임시정부의 활동상을
알리는 역할 등을 하다 체포되어 옥고를 치름. 1999년 건국훈장 애족장.

신건식　　　충북 청원 출신. 1912년 중국 항주 의학전문대학을 졸
(1889~1963년)　　업하고, 임시정부의 독립운동에 참여. 1939년 대한민
국 임시의정원 충청도 대표의원으로 선임되어 광복 때까지 입법 활동을
통하여 해외에서의 독립운동을 제도적으로 지원. 1977년 건국훈장 독립
장.

신영삼　　　평남 평원 출신. 1915년 경성의학전문학교 졸업한 뒤,
(1896~1946년)　　1918년 만주로 건너가 의료사업과 교육에 전념. 1919년
3·1운동이 일어나자 만주에서 독립만세운동 전개. 이후 조국의 광복을 맞
을 때까지 독립운동에 종사. 1963년 건국훈장 독립장.

신현창　　　충남 논산 출신. 1918년 세브란스의전 졸업, 다음 해
(1892~1951년)　　3·1운동이 일어나자 대한독립애국단에 가입, 독립운

동에 뛰어듦. 임시정부 활동. 1929년 귀국하여 신간회 가입하여 활동. 1990년 건국훈장 애국장(1977년 건국포장).

엄익근　　　평남 용강 출신. 1940년 광복군의 창설과 함께 광복군
(1890~1950년)　　의무대 군의관으로 활동. 해방 후 1948년 사회부장관
에게서 의사면허증 받음. 1990년 건국훈장 애국장(1982년 건국포장).

오복원　　　평남 강동 출신. 1901년 경성의학전문학교 입학하여 신
(1886~1959년)　　의학을 배우는 한편, 밤에는 천도교 교리강습소에 나
가 학생들 지도. 1909년 이재명 등과 이완용, 이용구 등 을사 5적 제거에 가담했다가 체포되어 옥고를 치름. 1963년 건국훈장 독립장.

유진희　　　충남 예산 출신. 경성의전 졸업 후, 1921년 경성의전 동
(1893~1949년)　　맹휴학 투쟁 중재인으로 활약. 1922년 《새생활》 잡지에
러시아혁명 5주년 기념 기사 등을 실었다가 체포되어 옥고 치름. 1927년 신간회를 조직하고 활동하다 체포되어 옥고를 치름. 1992년 건국훈장 애족장.

이민호　　　충남 아산 출신. 경성의전 졸업 후, 1919년 3·1운동에
(1895~1944년)　　참가했다 체포되어 옥고를 치름. 1922년 러시아로 망명
하여 구국운동을 전개, 이후 만주, 북경 등에서 독립을 위한 지하 공작 활동. 1990년 건국훈장 애족장(1968년 대통령표창).

이범교　　　경북 영천 출신. 대구 제중원의학당 졸업 후, 1919년
(1888~1951년)

3·1운동에 참가했다가 상해로 망명하여 임시정부 교통부의 교통위원으로 활동. 러시아 니코리스크에 배영학교 설립, 학생들에게 독립 계몽사상 교육. 1990년 건국훈장 애족장(1983년 대통령표창).

이병훈 | 평남 평원 출신. 1932년 연희전문 중퇴 후 상해로 망명.
(1913~2004년) | 1933년 국립중산대학 의과 입학, 졸업한 뒤 임시정부 산하 인성학교에서 독립운동가 자녀 교육과 의료 지원 활동. 1990년 건국훈장 애국장.

이시태 | 평남 평양 출신. 대성학교 졸업 후 황해도 봉산에서 의
(1893~1933년) | 료사업을 하던 중 1920년 독립군 자금을 모으다 일경에 체포되어 옥고를 치름. 1925년 출옥 후 만주로 망명하여 독립운동에 헌신. 1990년 건국훈장 애국장(1977년 건국포장).

이응서 | 평북 강계 출신. 1919년 3·1운동에 참여한 뒤, 망명하
(1890~1932년) | 여 남만에 설립된 대한독립단에 가입하여 군의로 활약. 1924년 이후 남북만주 또는 국내에 진입하여 영사관, 경찰서 습격 등 격렬한 무장 활동 전개. 1928년 체포되어 사형을 언도받고, 1932년 무기징역이 확정되어 옥고를 치름. 1968년 건국훈장 독립장.

이의경 | 황해 해주 출신. 경성의전 재학 중 1919년 3·1운동 참
(1899~1950년) | 여 후, 대한민국 청년외교단 편집부장으로 활약. 이후 독일로 망명, 이미륵이라는 필명으로 《압록강은 흐른다》라는 자전적 소설

을 씀. 1990년 건국훈장 애족장(1963년 대통령표창).

이익종
(1898~1950년)

경기 진위 출신. 경성의전 재학 중 1919년 3·1운동 준비과정부터 참여. 탑골공원에서 거행된 독립선언식에 참가 후, 수천 명의 군중과 함께 종로, 남대문, 서울역 방면으로 시위를 계속하던 중 체포되어 옥고를 치름. 1995년 건국포장.

이태준
(1883~1921년)

경남 함안 출신. 1911년 세브란스병원 의학원 졸업. 1911년 중국 남경으로 망명, 이후 1914년 비밀 군관학교를 세울 계획으로 몽골 울란바토르로 이동. 이후 몽골에서 유행하던 전염병을 퇴치하고 국왕을 치료하여 국왕의 어의가 됨. 김규식이 파리강화회의 참석에 필요한 여비를 마련키 위해 몽골로 오자 그에게 독립운동 자금 2,000달러를 제공하여 활동을 도움. 1920년 임시정부에 독립자금을 전달하다 러시아 백위파에 체포되어 죽임을 당함. 1990년 건국훈장 애족장 (1980년 대통령표창).

이형원
(1899~1969년)

함남 북청 출신. 경성의전 재학 중 1919년 3·1운동에 참가. 독립선언식에 참가한 뒤, 수천 명의 군중과 함께 시가에서 만세 시위를 벌이다가 체포되어 옥고를 치름. 1993년 대통령표창.

이희경
(1889~1941년)

평남 순천 출신. 1904년 미국으로 건너가 미국 시카고 대학 의학박사 학위를 받음. 1915년 하와이에 병원을 개설하고, 애국 동지들을 원조하며 광복 운동을 계획. 1918년 귀국한 뒤 상해로 망명, 임시정부에서 활동. 1928년 미국으로 건너가 활동하다, 1935년 귀국 도중 일본에서 체포되어 국내로 압송. 1941년 혹독한 고문 후유증으로 서울에서 별세. 1968년 건국훈장 독립장.

임의탁 | 평남 평양 출신. 1912년 경술결사대를 조직하여 일본인
(1892~1973년) | 경찰을 암살하고 상해로 망명. 1915년 상해 동제의학원을 졸업한 뒤, 임시정부의 친일파 숙청 비밀 책임자로 활약. 1963년 건국훈장 독립장.

장세구 | 경기 김포 출신. 경성의전 재학 중 1919년 3월 1일 서울
(1898~1931년) | 지역에서 전개된 독립 만세운동에 참여. 1921년 경성의전 구보 교수의 민족차별 망언을 규탄하는 동맹휴교를 주도하다 7명의 학생과 함께 퇴학당함. 2003년 건국훈장 애족장.

장지락 | 평북 용천 출신. 1919년 3·1운동 후 일본에 건너가 고
(1905~1938년) | 학 생활을 하다 독립운동에 투신하기로 결심하고, 만주 신흥무관학교에 다님. 상해 임시정부 기관지《독립신문》의 교정원으로 활동하다 1921년 베이징 협화의학교 입학. 이후 중국 공산당에서 활동하며, 농민 대중의 의식계몽에 힘을 쏟음. 김산이라는 이름으로 널리 알려져 있으며, 님 웨일즈가 쓴《아리랑》의 실존 인물. 2005년 건국훈장 애국장.

정영호 | 평북 선천 출신. 중국 남경 중앙대학 의학원 재학 중
(1924~1994년) |

지하공작 활동을 전개, 이후 1945년 광복군에 입대하여 적 정보 수집 등 항일활동 전개. 1990년 건국훈장 애족장(1963년 대통령표창).

정희섭
(1920~1987년)

평남 평원 출신. 1943년 평양의학전문학교를 졸업한 뒤, 개봉 하남의원에 근무하면서 광복군 활동과 부상병 치료에 기여. 1990년 건국훈장 애족장(1977년 대통령표창).

조규찬
(1909~1997년)

전남 화순 출신. 1931년 경성제대 의학부 재학 중 반제국주의 활동과 독서회 활동. 1932년 일본제국주의에 반대하는 반제신문 및 격문을 간행하여 반포하고 활동하다가 붙잡혀 옥고를 치름. 1990년 건국훈장 애족장(1986년 대통령표창).

조무준
(1918~1989년)

경남 하동 출신. 1941년 일본 규슈의학전문학교 재학 중 유학생들에게 민족 독립의식을 고취하는 한편 동지 규합을 위하여 활동, 일경에 체포되어 옥고를 치름. 1990년 건국훈장 애족장.

주현칙
(1882~1942년)

평북 선천 출신. 1908년 세브란스병원 의학교 1회 졸업생. 신민회에 가입하여 활동하다 1911년 105인 사건으로 검거되어 옥고를 치름. 1919년 3.1운동 후에 상해로 망명해 임시정부 활동. 흥사단에 가입하여 1926년까지 상해에서 활동하다 귀국, 국내의 흥사단 운동에 진력하다가 1937년 동우회 사건으로 체포되어 옥고를 치름. 1990년에 건국훈장 애족장(1977년 대통령표창).

최경하 | 함남 문천 출신. 1919년 경성의전 재학 중 경성의전 학
(1894~1989년)   생 대표로 3·1운동에 참여. 시내 각 전문학교 학생 대
표들과 함께 태극기와 격문 등을 제작하여 군중들에게 배부하고 시위행진
을 벌이다 체포되어 옥고를 치름. 1990년 건국훈장 애족장.

최동인 | 경북 울진 출신. 1940년 길림성 교하현으로 떠남. 1942
(1912~1982년)   년 서안에서 광복군에 입대, 군의로 임명돼 광복을 맞
이할 때까지 의료 활동과 지하 공작을 벌임. 1990년 건국훈장 애국장(1977
년 건국포장).

최용무 | 함남 북청 출신. 1919년 중동학교 재학 중 학생 대표로
(1900~1972년)   3·1운동에 참여, 체포되어 옥고를 치름. 1921년 경성의
전 재학 중 일본인 교수의 망언에 항의해 동맹휴학을 벌이다 무기정학당
함. 1927년 북청공립농업학교 동맹휴학 때 교우회 위원 자격으로 참가하
여 진상 규명과 사과, 퇴학 학생 전원 복교를 주장, 학교 측의 양보를 이끌
어 냄. 1997년 대통령표창.

최정숙 | 제주 출신. 1919년 경성여고보 학생으로 3·1운동에 참
(1902~1977년)   여, 체포되어 옥고를 치름. 출옥 후 교사로 민족교육 및
인재 양성에 힘쓰는 등 활동을 계속함. 1943년 경성여자의전 졸업 후, 경성
성모병원 의사를 거쳐 제주에 정화의원 개원. 1993년 대통령표창.

한금원 | 평북 의주 출신. 1934년 도쿄의학대학을 졸업한 뒤 병
(1904~1949년)

원을 개업하였다가 중국으로 망명. 1934년 박애병원에서 의료사업에 종사하며 독립운동을 지원. 1938년 독립운동 조직인 조선의용대에서 의무조장으로 활동. 1990년 건국훈장 애국장.

한진석 | 평북 정주 출신. 정주 신안학교 교장으로 신안병원을 설립한 뒤 무료 치료를 베풂. 1911년 105인 사건으로 잡
(1875~1920년)
혀 섬으로 유배되었다가, 1917년 만주로 망명. 1919년 한족회 총관으로 독립운동을 계속하던 중 체포되어 순국. 1991년 건국훈장 애족장(1968년 대통령표창).

한흥교 | 부산 동래 출신. 일본 오카야마 의학전문학교를 졸업한 뒤, 1911년 상해로 망명. 1912년 중국에서 직접 전투
(1885~1967년)
에 참여하는 등 독립전쟁에 앞장섰으며, 1914년 이후 상해, 산서성 등에 병원을 개업해 항일운동을 지원. 1990년 건국훈장 애국장(1977년 건국포장).

함태호 | 평남 순천 출신. 1919년 순천군 신창면의 독립만세 운동에 참가했다가 체포되어 옥고를 치름. 1996년에 대통
(1893~1942년)
령표창.

함태홍 | 함남 함흥 출신. 1919년 경성의전 재학 중 3·1운동에 참여. 탑동공원에서 종로를 나와 동대문 부근을 향하
(1893~1929년)
여 시위행진을 하는 등 시내 각처에서 독립만세를 절규하고 태극기를 흔들며 시위를 하다가 체포되어 옥고를 치름. 1993년 대통령표창.

허영조 | 부산 출신. 1919년 경성의전 재학 중 3·1운동 참여, 체
(1897~1929년) | 포되어 옥고를 치름. 이후 개원한 뒤, 1923년 의열단원
의 지시를 받고 독립운동 자금 모집 등의 활동에 나섬. 1996년에 대통령표
창.

황애시덕 | 평남 평양 출신. 1913년 평양숭의여학교 교사로 근무하
(1892~1971년) | 던 중 항일 구국단체 '송죽결사대'를 조직. 이후 도쿄여
자의전에 유학하여 1919년 2·8 독립선언에 참여. 1919년 부인단체를 조직,
항일활동을 펼치다가 체포되어 옥고를 치름. 1928년 미국으로 건너가 김마
리아 등과 함께 광복 운동을 후원. 1990년 건국훈장 애국장(1977년 건국포
장).

황하백 | 중국 길림성 화룡현 출신. 1920년 독립군 단체인 대한
(?~1920년) | 북로독군부 소속 군의로 활동. 1920년 6월 중국 길림성
화룡현 봉오동에서 일본군 월강추격대대를 섬멸한 봉오동전투에 참전하
였다가 전사. 1998년 건국훈장 애국장.

이 밖에 활동 자료가 부족해서 확인하기 어렵거나, 아직 공훈 심사가 진행 중인 분 88분이 있어요. 이에 대한 지속적인 발굴과 심사를 통해 독립운동에 대한 올바른 공적을 세워야 합니다.

|작가의 말|

독립군이 된 의사들을 쓰며

　독립군이 된 의사들은 생각보다 훨씬 많았어요. 보훈처나 대한의사협회에서 독립군이 된 의사들에 대한 자료를 꾸준히 발굴하고 있어서 이 글을 쓰는 데 많은 도움이 되었습니다.

　지금도 그렇지만 백 년 전 의사는 안정된 미래가 보장된 전문직이었으며 선구자들이었어요. 그러나 의사는 아픈 사람들을 고치는 사람이잖아요. 조선 사람 대부분이 고통에 신음하던 시절이니 그걸 보는 참의사들의 마음은 편치 않았겠지요. 이 모든 것은 나라를 빼앗겼기 때문이라는 엄연한 사실을 모른 척 외면할 수 없었을 겁니다.

　이 책을 처음 쓸 때 독립군이 된 많은 의사들 중에 어떤 분을 소개할까 고민이 많았어요. 모두 훌륭한 분들이니까요. 그 중 고심 끝에 김필순, 이태준, 박서양 세 분을 소개하기로 했습니다. 공교롭게도 세 분이 세브란스병원 의학교 선후배이며, 살아생전 긴밀한 관계를 맺었던 친구이자 동지였습니다.

하지만 세브란스병원 의학교를 나온 분들만이 독립군이 되었던 것은 아니기 때문에 다른 분들을 찾아보려 애썼습니다. 그런데 너무나도 훌륭하지만 자료가 거의 없는 분들이 대부분이었어요. 심지어 사진 한 장도 남아 있지 않은 분들도 많았고요. 그런 분들은 책으로 쓰는 데 한계가 많지요. 부득이하게 상상한 부분을 많이 넣어야 하니까요. 이 책의 성격에는 맞지 않아 할 수 없이 그분들은 제외했어요. 또 의사 자격증이 있지만 독립운동을 하느라 의료 활동을 전혀 못 하신 분들도 계신데, 그런 분들도 제외했어요. 독립군 중에 죽을 때까지 의술을 펼친 분들을 선택했어요.

세브란스병원 의학교 초창기 졸업생들의 독립 의지는 책 한 권으로는 부족한 점이 많을 정도로 존경스러운 분들이 많기도 했고요. 특히 이 책에 나온 세 분은 의사이기 이전에 시대를 앞서간 선각자이며 당대 최고의 지성인이어서 쓰는 내내 존경심이 차올랐어요.

먼저 이태준 선생의 기념관이 있는 경상남도 함안 군북으로 찾아갔어요. 아담한 기념관에 이태준 선생의 자료가 전시되어 있었어요. 먼 몽골 땅에서 너무 일찍 세상을 떠난 이태준 선생에 대한 자료는 많이 남겨져 있지는 않았어요. 신의로 불리며 존경과 사랑을 받아 한국보다 먼저 기념 공원을 만들 정도로 몽골인들의 사랑을 받은 이태준 선생님의 기념관이 고향에 뒤늦게나마 세워진 것은 정말 다행이라고 생각합니다. 기념관 입구에 있는 이태준 선생의 확대된 사진을 보는 순간 가슴이 뭉클했어요.

이태준 기념관 사무국장 이창하 선생을 만나 인터뷰를 했어요. 이태준 선생 기념관이 탄생하는 데 큰 역할을 한 이창하 선생은 이태준 선생의 후손이기도 해요. 사무국장님을 통해 자료에 남아 있는 사실 이외에도 이태준 선생이 서울로 올라가면서 헤어진 가족이 이후에 어떻게 살았는지, 또 그 이후의 활동 등에 대해서도 알게 되었어요.

기념관을 나와 이태준 선생 생가터로 추정되는 곳을 방문했어요. 생가터 역시 정확한 곳은 알 수 없었어요. 저수지로 수몰됐다는 의견도 있지만 정확하지는 않다고 해요. 그 대신 이태준 선생이 어릴 적 다녔을 것으로 추정되는 도천재라는 서당에 찾아갔어요. 어린 이태준이 똘망똘망한 모습으로 공부하던 모습을 상상해 봤어요.

이태준 선생이 나고 자란 함안 지방은 아라가야가 있던 곳이에요. 세계문화유산으로 지정되기도 한 거대한 말이산 무덤들 사이를 거닐어 봤어요. 이태준 선생은 어린 시절에 이곳에 와 봤을까요? 아마도 아라가야에 대한 전설만 들었지 와 보지는 못했을 것 같아요. 그 당시는 교통수단이 없기도 했고 어디를 구경 다닐 만한 여유가 없는 시절이었거든요. 어린 소년 이태준이 가야의 유적을 봤다면 얼마나 가슴 벅찬 감동을 느꼈을까요?

다음으로 박서양 선생의 후손을 찾아보았어요. 기념사업회도 기념관도 후손도 찾기가 어려웠어요.

박서양 선생의 아버지가 백정 출신으로서는 처음으로 장로가 된 곤당골교회를 찾았어요. 박서양 선생도 함께 다녔던 교회인 곤당골교회는 현재 승동교회로 이름이 바뀌었는데, 그곳을 통해 후손을 알아보려고 했지요. 하지만 승동교회 측에서도 박서양 선생의 후손이 어떻게 살고 계신지는 알 수 없다고 해요. 6·25전쟁 때 후손들이 뿔뿔이 흩어졌다고 하고, 그분들 중 일부가 칠레로 이민을 가셨다고 하네요. 칠레에 사는 후손 한 분과 몇 년 전 연락이 되었는데, 한국에 오게 되면 찾아오겠다고 했지만 그 뒤로 소식이 끊겼대요. 현재는 소식을 알 수 없다는 말만 들었어요. 칠레에서 대학 교수가 된 후손도 있는 것으로 알려져 있지만, 돌아가셨다는 것만 알 뿐 더 이상의 사정을 알 수는 없었습니다.

　사회적 차별과 싸우면서도 조국을 위해 자신의 안락한 미래를 포기한 박서양 선생의 후손을 만날 수 없어 많이 안타까웠어요. 어디에 계시든 후손들이 건강하고 행복하게 지내시기를 기원합니다.

　김필순 선생의 가족 역시 마찬가지였어요. 많은 후손들이 중국에 살고 계신 듯해요. 손자분 중 한 분이 서울에 있는 대학교 건축과 교수라는 기록을 찾았지만, 이미 돌아가셔서 연락할 길이 없었어요.
　김필순 선생의 조카인 김마리아 선생의 기념사업회가 있는 정신여자고등학교 측과 연락을 해 봤어요. 하지만 조카인 김마리아 선생도 결혼하지 않고 독신으로 살다 돌아가셔서 후손이 없었어요.
　김필순 선생의 손녀 중 한 분이 몇 년 전 방송과 인터뷰한 영상을 통해 김필순 선생의 생전 모습의 단면을 볼 수 있을 뿐이었습니다.

이태준 기념관 이창하 사무국장으로부터 연세대 박형우 교수님을 소개받았어요. 박형우 교수님은 독립군이 된 의사 선생님들에 대한 지속적인 관심으로 독립군이 된 의사들에 대한 자료를 가장 많이 갖고 계신 전문가예요. 교수님이 쓴 네 편의 논문을 보내 주셔서 의사로서의 세 분의 생생한 삶을 잘 표현할 수 있었습니다. 이 자리를 빌어 이창하 선생님, 박형우 교수님께 감사드립니다.

독립군의 후손들은 국가에서 지속적으로 지원해야 한다고 생각합니다. 또 친일 행위로 인해 받은 재산은 아무리 세월이 흘러도 국가가 모두 몰수해야 하고요. 친일파의 자손들은 떵떵거리고 살고, 독립운동을 하면 3대가 망하는 세상이 되어서는 절대 안 됩니다.
  지금의 대한민국이 존재하는 것은 온몸으로 일제와 싸운 독립군들 덕분이니까요. 대한민국이 이 지구상에 존재하는 한 독립군들의 공적은 절대 잊으면 안 됩니다.

독립군 시리즈를 펴내는 까닭

1919년 2월 1일 만주에서 대한독립선언서를 발표하고, 서울에서 3월 1일 독립선언서를 발표했습니다. 그리고 3월 1일부터 우리 겨레가 모여 사는 국내외 곳곳에서 대한독립 만세운동을 일으켰습니다. 이 정신을 바탕으로 독립을 실행하기 위해 4월 10일 상해에서 임시의정원을 개최했습니다. 임시의정원에서 4월 11일 임시헌장을 제정하고, 임시정부를 수립했습니다. 4월 13일 임시정부 수립 경축식을 하여 대한민국 건국을 국내외에 널리 알리고 1945년 해방이 될 때까지 독립전쟁에 앞장섰습니다.

대한민국 임시정부 초대 내무총장이던 안창호는 "독립전쟁이 공상이 아니라 사실이 되려면 대한 2천만 남녀 다 군인이 되어야 한다"며 국민개병주의를 주장하였습니다. 전쟁에서 승리하기 위해서는 맨 앞에서 총칼을 들고 싸우는 사람, 군인들이 쓸 무기와 입을 옷과 먹을 식량을 비롯한 돈과 보급을 담당하는 사람, 다친 군인을 치료하고 보살피는 사람, 이런 사람들을 길러내고 가르치는 사람, 다른 나라 사람들이 우리 편이 될 수 있도록 홍보와 외교를 하는 사람, 전략과 전술 계획을 세울 수 있도록 목숨 걸고 적진에 들어가서 온갖 정보를 수집하는 사람……. 이렇게 작고 큰 수많은 일을 각자 자기 처지와 능력에 맞게 맡아서 온 힘을 다해야 합니다. 앞에 나가 싸우는 한 명의 전사를 위해서 뒤에서 준비하고 숨어서 지원하는 아홉이 필요하다는 말도 있습니다. 곧 이렇게 독립운동에 참여하는 모두가 독립군입니다.

현북스는 이런 마음으로 대한민국 독립전쟁 시기에 총칼을 들고 전투에 직접 참여한 군인은 물론 각자 자기가 할 수 있는 자리에서 다양한 지식과 능력을 발휘해 주신 선조들 자취를 조금이라도 더 찾아내서 우리 후손들에게 알려서 한 명이라도 더 그분들을 기억하고, 그 뜻을 마음에 새겨 기리면서 살아가기를 간절히 소망하는 마음으로 어려움을 무릅쓰고 이 독립군 시리즈를 내고 있습니다. 부모와 자녀, 학생과 교사가 같이 읽고, 가볍게라도 함께 이야기를 나눌 수 있는 기회로 활용해 주시기를 권유합니다.